国学经典读本

郭化若／译注

孙子兵法

上海古籍出版社

春秋末期形势简图

图 例
- ◉ 周都
- ◎楚 大诸侯国名和国都
- ○代 小诸侯国名和国都
- •柏举 居民地

目　　录

计 篇 第 一

【题解】《孙子》十三篇,以"计"为首篇。"计"是当时《孙子》所用的范畴,直译为计算或估计;是战前对敌我双方的政治、经济、军事、天时、地利和将帅才能等现有的客观条件的估计和对比。即我们今天所说的通过敌对双方有关战争胜败的条件进行对比,从而作出胜败估计。紧接着论述了战略上总的方针和主要原则以结束本篇。

(一) 孙子曰:兵者,① 国之大事,死生之地,存亡之道,不可不察也。②

【注释】① 兵,兵器,用兵。此指用兵,也就是指战争。 ② 察,细看,含有仔细观察、认真研究、慎重考虑等意思。

【译文】(一) 孙子说:战争是国家的大事,关系到军民的生死,国家的存亡,是不可以不认真研究的。

(二) 故经之以五事,① 校之以计,② 而索其情:一曰道,③ 二曰天,三曰地,四曰将,五曰法。道者,令民与上同意者也,可与之死,可与之生,民弗诡也。④ 天者,⑤ 阴阳、寒暑、时制也。地者,⑥高下、远近、险易、广狭、死生也。将者,智、信、仁、勇、严也。法者,曲制、官道、主用也。⑦凡此五者,将莫不闻,⑧知之者胜,不知者不胜。故校之以计,而索其情。曰:主孰有道? 将孰有能? 天地孰得? 法令孰行? 兵众孰强? 士卒孰练? 赏罚孰明? 吾以此知胜负矣。⑨

【注释】① 经,纵线。"织以经为主,而后纬加之。"有纲领、大纲的意思。五事,指下文"道、天、地、将、法"。 ② 校,通"较",比较。计,计算,估计。所谓"计",即下文所说:"主孰有道? 将孰有能? 天地孰得? 法令孰行? 兵众孰强? 士卒孰练? 赏罚孰明?"等七计,这七个问题是上文"五事"的引伸,即敌对双方在这些方面优劣条件的比较。 ③ 道,在和孙子同时的诸子的著作中,各有各的命意。孙子在十三篇中各处所用的道字也各有所指,互不相同。这里孙子用"道"这一概念(或范畴)主要指统治者的政治。④ 诡,违背,违抗。弗诡,不敢违抗。 ⑤ 天,此处指有关天时季节等气候情况,是作为自然的天而言的。这与先秦诸子不同。因为气候状况对战斗影响较大。 ⑥ 地者,指地形。 ⑦ 曹操注:"曲制者,部曲、旌旗、金鼓之制也。官者,百官之分也。道者,粮路也。主者,主军费用也。"法者,指这些制度,规定得适宜不适宜,执行得严格不严格。 ⑧ 莫,不能。

【译文】(二) 所以,要用五项〔决定战争胜败的基本因素〕为经,把〔对敌对双方的优劣条件的〕估计作比较,来探索战争胜负的情势:〔这些主要条件是〕一政治,二天时,三地利,四将帅,五法制。政治,是要使民众和君主的愿望一致,可以叫他们为君主死,为君主生,而不敢违抗。天时,是讲昼夜、阴晴、寒冬、酷暑等气候季节情况。地利,是讲高山洼地、远途近路、险要平坦、广阔狭窄、死地生地等地形条件。将帅,是讲才智、诚信、仁慈、勇敢、威严等条件。法制,是讲部队的组织编制、指挥信号的规定,将吏的职责,粮道和军需军械的管理等的情况和制度〔能否严格执行〕。凡属这五方面情况,将帅都不能不知道。凡了解这些情况的就能胜利,不了解的就不能胜利。所以,要把〔对敌对双方优劣条件的〕估计作比较,来探索战争胜负的情势。要看:哪一方君主的政治开明?哪一方将帅的指挥高明?哪一方天时地利有利?哪一方法令能贯彻执行?哪一方的武器装备精良?哪一方的兵卒训练有素?哪一方的赏罚公正严明?我们根据这些,就可以判断谁胜谁败了。

【试笺】《孙子》兵法先从战争讲起,指出战争是关系人民生死、国家存亡的大事。这是战争的一个重要属性,可惜他还未能深入到战争的本质,不能分析不同性质的战争。这是时代的限制。

《孙子》论兵先从敌我双方客观物质条件的分析比较出发,先"经之以五",再"校之以计"。它把"道"摆在第一位。"道",在这里也就是战前的政治,而政治的进步或腐败则是当时社会经济的集中表现,都属于客观的事物。把有关胜败的物质条件作为将帅运兵计谋的物质基础,放在首要分析的地位,这就鲜明地表现出朴素唯物论的战争观,先承认物质条件作为客观物质基础,然后强调将帅主观的指挥。

(三)将听吾计,①用之必胜,留之;将不听吾计,用之必败,去之。②

【注释】① 将(jiāng 浆),这里用作副词,欲,打算。 ② 去之,离开。

【译文】(三) 如果能听从我的计谋,用我指挥作战,一定能胜利,就留在这里;如果不能听从我的计谋,虽用我指挥作战,一定会失败,就告辞而去。

(四)计利以听,①乃为之势,②以佐其外。势者,因利而制权也。③

【注释】①以,通"已"。 ②势,指战略上有利的态势。 ③权,原指称锤,由于它是随着被称物体的轻重而移动位置的,引伸为机变、机动的意思。

【译文】(四)分析利害条件,意见被采纳,然后造就有利的态势,作为外在的辅助条件。所谓"势",就是利用有利的情况,而进行机动。

(五)兵者,诡道也。①故能而示之不能,用而示之不用,近而示之远,远而示之近。②利而诱之,乱而取之,实而备之,强而避之,怒而挠之,③卑而骄之,佚而劳之,④亲而离之。⑤攻其无备,出其不意。此兵家之胜,不可先传也。⑥

【注释】①诡,奇异,诡谲,诡计多端;与道德上的诡诈不同,但也确有欺骗敌人的意思。 ②以上四句话通常被称为"示形",含有佯动的意思。后来,这些做法被概括为"声东击西"。 ③挠,扰乱。 ④佚,安逸,安乐。 ⑤亲,和睦,融洽。 ⑥先传,事先传授。

【译文】(五)用兵是一种诡诈的行为。所以,能打,装作不能打;要打,装作不要打。要向近处,装作要向远处;要向远处,装作要向近处。给敌人以小利,去引诱他;迫使敌人混乱,然后攻取他。敌人力量充实,就要防备他;敌人兵力优势,就要避免决战。激怒敌人,却屈挠他(或译:敌人激怒,要屈挠他);卑辞示弱,使敌人骄傲。敌人休整得好,要设法疲劳他;敌人内部和睦,要设法离间他。攻击敌人无备的地方,出乎敌人意外的行动。这是军事家取胜的奥妙,是根据随时变化的情况,临机应变,不能事先传授的。

【试笺】《孙子》论述了"五事"、"七计"这些决定胜负的客观物质条件,再论战略指导上若干主要的思想和原则。这说明他先分析客观条件,承认物质是基础,然后强调主观的指挥,把胜利由可能推向实现。这就不是机械的唯物论了。这里表现的辩证法战争观虽然是朴素的、初期的,然而却是卓越的、难能的。他把用兵看成奇妙的变化运动。先说四种示形的方法(就是我们常说的"声东击西"之类的意思),后讲对八种情况不同的敌人,采取不同的打法,言简意赅,为中外古代兵法中所少有。最后,"攻其无备,出其不意"有普遍规律性,今天仍可灵活应用,我们不可小看它。

(六)夫未战而庙算胜者,得算多也;未战而庙算不胜者,得算少也。①多算胜,少算不胜,而况无算乎! 吾以此观之,胜负见矣。

【注释】① 庙算,古代用兵前在祖庙里举行一定的仪式讨论决定作战计谋叫庙算。得算多,指开战前谋划多。

【译文】(六)凡是未开战之前预计可以打胜仗的,是因为胜利的条件充分;未开战之前预计不能打胜仗的,是因为胜利的条件不充分;条件充分的能胜利,不充分的不能胜利,何况毫无条件呢? 我们根据这些来看,胜败就可以看出来。

作战篇第二

【题解】本篇以"作战"命名，紧接"计篇"论述战前计划之后，再论作战问题(古代战争不分战役、战斗，也不论大战小战统称为作战)。要发动一场较大规模的作战，必须先筹划费用、粮秣、物资。本篇立论主要着重阐明战争的胜负依赖于经济(财政、物资等物质条件在内)的强弱。由于当时生产方式还很落后，物资还很不充裕，军队组织也很不严密和不巩固；各诸侯国互相吞并的战争又为奴隶和农奴及其他贫穷劳动者所反对，所以《孙子》对进攻作战主张速胜而反对持久。又因交通不便，运输困难，所以提出"因粮于敌"的主张。

(七) 孙子曰：凡用兵之法，驰车千驷，①革车千乘，②带甲十万，③千里馈粮，④则内外之费，宾客之用，胶漆之材，⑤车甲之奉，日费千金，⑥然后十万之师举矣。⑦其用战也贵胜，久则钝兵挫锐，攻城则力屈，⑧久暴师则国用不足。⑨夫钝兵挫锐、屈力殚货，⑩则诸侯乘其弊而起，虽有智者，不能善其后矣。故兵闻拙速，⑪未睹巧之久也。⑫夫兵久而国利者，未之有也。故不尽知用兵之害者，则不能尽知用兵之利也。

【注释】① 驰车,即轻车,装载甲士用以攻击敌人的轻便战车。驷,古代原称驾一辆车的四匹马为驷,由此也把四匹马拉的一辆车称为一驷。② 革车,即重车,运载军需物资的辎重车。 ③ 带甲,当时对徒兵的通称。杜牧注引《司马法》曰:"轻车七十五人,重车二十五人。"二乘一百人为一队。以此推算,出车轻重各千辆,带甲合计就有十万人了。 ④ 馈(kuì 溃),运送。 ⑤ 胶漆,古代弓箭甲盾的保养维修所必需的胶和漆。这里泛指制作、维修武器装备所必需的物资。 ⑥ 金,古代计算货币的单位,一金为一镒(廿两或廿四两)。千金即千镒,泛指金额极多。 ⑦ 举,指兴兵。 ⑧ 屈,尽。 ⑨ 暴(pù 铺),暴露。久暴师,指军队长期在外作战。 ⑩ 殚(dān 丹)货,指物资。 ⑪ 拙,笨,引伸为老老实实。速,速胜。 ⑫ 巧,巧妙。投机取巧。

【译文】(七) 孙子说:凡用兵作战的一般规律,要动用轻车千辆,重车千辆,步卒十万,还要向千里之外运输粮食,那么前方后方的经费,招待国宾使节的用度,胶漆兵器的材料,车辆盔甲的补修等,每天要开支"千金",然后十万军队才能出动。用这样的军队去作战,就要求速胜,持久就会使军队疲惫,锐气挫伤;攻城就会使兵力消耗;让军队长久在国外作战,就会使国家的财政发生困难。如果兵疲、气挫、力尽、财竭,则列国诸侯就会乘机而起兵进攻,那时虽有智谋的人,也无法挽救危局了。所以,用兵只听说老老实实的速决,没有见到投机取巧的持久。战争拖延很久而对国家有利,是不会有的事情。所以,不完全了解用兵有害方面的人,就不能完全了解用兵的有利方面。

(八) 善用兵者,役不再籍,①粮不三载;②取用于国,因粮于敌,③故军食可足也。

【注释】① 役,兵役。籍,户籍。古时兵卒是依户征集的。役不再籍,指征集兵役只征一次。 ② 三载,三次。 ③ 因,依托,利用。"取用于国,因粮于敌",指进入敌国,军需武器从国内取用,粮草则在敌国就地征集。

【译文】(八) 善于用兵的人,兵员不征集两次,粮草不运输三回;军需自国内取用,粮草就在敌国征集,这样军队的粮草就可以保证足够了。

(九) 国之贫于师者远输,远输则百姓贫。①近师者贵卖,②贵卖则百姓财竭,财竭则急于丘役。③力屈、财殚,中原内虚于家。④百姓之费,十去其七;公家之费:破车罢马,⑤甲胄矢弩,戟盾蔽橹,⑥丘牛大车,十去其六。

【注释】① 百姓,在奴隶社会中只有贵族有姓,百姓是指百官及其亲属,汉以后方通称民众为百姓。这里指的应是新兴地主阶级的百官及其亲属。 ② 近师,指靠近驻军的地方。贵卖,物价昂贵。 ③ 丘役,同"丘甲"、"丘赋"。按杜牧注,九百亩为井,十六井为丘,六十四井为甸(四丘等于一甸)。春秋末是以丘为单位的赋役。又杜牧注引《司马法》曰,丘出戎马一匹,牛四头。丘车一乘,甲士三人,步卒七十二人。张预注:"国用急迫,乃使丘出甸赋(加多四倍)。" ④ 家,家家。 ⑤ 罢(pí 皮),同"疲"。 ⑥ 蔽橹,即大盾,战车上的防护器具。

【译文】(九) 国家之所以会因军队出动而贫穷的,就是由于远道运输。因远道运输,百官之家都贫困了。在军队集中的附近地方,物价就会上涨,东西涨价,就会使得百官及其家属感到威胁,国家因财富枯竭,就会急于增加赋役。国力耗尽,财富枯竭,国内家家空虚。"百姓"的财产要耗去十分之七;"公室"的耗费,车辆损坏,马匹疲蔽,盔甲、弓箭、戟盾、蔽橹以及运输用的牛和大车,也要损失十分之六。

【试笺】《孙子》论列了出国远征,物资器材、畜力、财力消耗之大,言之成理。后方供给线过长,运输补给困难,对战争是一个很不利的因素。现代战争虽有现代化的运输工具,然而漫长的后方供应补充,亦易为敌方现代化武器所攻击。后方联络线过长,仍然是现代化战争中的一个大问题。《孙子》强调"国之贫于师者远输",至今仍宜予以重视。

(十) 故智将务食于敌,食敌一钟,当吾二十钟;①莒秆一石,②当吾二十石。

【注释】① 钟,春秋时容量单位。齐国分奴隶主、公室的"公量"同新兴地主阶级陈氏的"家量"两种。公量一钟为六百四十升;家量一钟为一千升。从敌国夺粮一钟,可当从国内运去的二十钟。因为节省运费。② 莒(qí 其),同"其",豆秸,用作饲料。

【译文】(十) 所以聪明的将帅务求得粮于敌国。吃敌粮一"钟"抵得本国的二十"钟";用草料一"石",抵得本国的二十"石"。

(十一) 故杀敌者,怒也;①取敌之利者,货也。②故车战,得车十乘已上,赏其先得者,而更其旌旗。车杂而乘之,③卒善而养之,④是谓胜敌而益强。

【注释】① 怒,气势强盛。 ② 货,指给报酬、奖赏。 ③ 车杂而乘之,是说把投降的敌卒夹杂在我军士卒中间。 ④ 卒善而养之,指对俘虏来的敌方兵卒,要用和善的态度看待而供养他。

【译文】(十一) 要使军队勇敢杀敌,就要激励部队;要使军队勇于夺取敌人的物资,就要奖赏士兵。在车战中,凡缴获战车十辆以上的,就奖励首先夺得战车的人,并且把车上敌人的旗帜换成自己的旗帜,派出自己的士兵和俘虏来的士兵夹杂乘坐;对俘虏的兵卒要优待和供养他们。这就是所谓越战胜敌人也越加壮大自己。

【试笺】《孙子》以前,屠杀活埋俘虏,是常见的事,因为当时还不会使用俘虏。而《孙子》能提出"卒善而养之",实是难能可贵的主张,也是当时社会进步的一种表现。

(十二) 故兵贵胜,不贵久。①

【注释】① 这是全篇的结论:用兵就是要求速胜而不要求持久。

【译文】(十二) 所以,用兵利于速胜,不利于持久。

【试笺】《孙子》只强调进攻,而少谈防御;只强调速胜,而反对持久。这里就无视了被侵略的弱国,必须坚持持久的防御,等待敌军分散、疲惫,然后乘机反击之,这方面的重要性《孙子》几乎都未谈到。

(十三) 故知兵之将,民之司命,①国家安危之主也。

【注释】① 司命,即主宰的意思。《楚辞·九歌·大司命》五臣注:"司命,星名,主知生死。"

【译文】(十三) 所以,懂得用兵的将帅,是民众生死的主宰,国家安危的决定性人物。

【试笺】《孙子》认为懂得用兵的将领,能使人民得免过多的牺牲,能使国家转危为安,所以可说是人民的救星,国家安全的主宰。主将战略决策正确与否,是战争胜败的最后决定性的因素。将帅指挥正确灵活不但影响胜败,而且也直接影响本军伤亡的多少。可是片面强调"知兵之将"的作用,就不免表现出唯心史观思想的色彩。

谋攻篇第三

【题解】《谋攻篇》讲的是关于临战前进攻的计谋问题。内容包含：关于全胜的意图；进攻的目标和作战方法；战略指导关系；知胜的方法；收句提出"知彼知己，百战不殆"的名言。

（十四）孙子曰：凡用兵之法，全国为上，破国次之；①全军为上，②破军次之；全旅为上，③破旅次之；全卒为上，④破卒次之；全伍为上，⑤破伍次之。是故百战百胜，非善之善者也；不战而屈人之兵，善之善者也。⑥

【注释】①《孙子》用"全"字这一概念（范畴）来说明谋攻敌国总的意图或理想。古代哲学思想和军事理论，只是朴素的，这里《孙子》没有阐明如何才能"全国"。所以历来就有各种不同的解释，有些人认为可以解释为用强大军事力量威胁压迫敌人，使之屈服或投降；或用政治手段和经济力量使敌屈服，成为附庸；或通过收买敌国内有野心的人物，颠覆其政权等等手段都包括在内。大国吞并小国，在春秋时期不乏实例，甚至到本世纪初也还见过，但都是在敌对双方力量非常悬殊的情况下发生的。② 军，据曹操注引《司马法》曰："一万五千五百人为军。" ③ 旅，五百人为旅。 ④ 卒，一百人为卒。 ⑤ 伍，五人为伍。 ⑥ 是故百战百胜，非善之善者也："百战百胜"的将军自古以来就少有。所谓"百战百胜"只是理想的说法,而《孙子》认为"非善之善者也","善之善"意即最善的战争指导,或最高明的用兵。"非善之善者也",即还不算是最好的谋攻,不战而使敌人屈服,才算是"善之善者也"。一般说来国与国之间或某一国家集团与另一集团之间的矛盾,并不是什么时间都会爆发战争,而是在矛盾发展到不得不用战争这种最高的斗争形式时才会发生。到了双方矛盾激化到以兵戎相见,想不战而屈人之兵,这是不现实的。只有在战争进行到后期即大势已定,局部的敌军才可能不战而降。这种特殊情况,也是战而屈人之兵的最后结果。

【译文】(十四)孙子说:指导战争的法则是,使敌人举国完整地屈服是上策,击破敌国就差些;使敌人全军完整地降服是上策,击破敌人的军就差些;使敌人全"旅"完整地降服是上策,击破敌人的"旅"就差些;使敌人全"卒"完整地降服是上策,击破敌人的"卒"就差些;使敌人全"伍"完整地降服是上策,击破敌人的"伍"就差些。因此,百战百胜,还不算高明中最高明的,不战而使敌人屈服,才算得是高明中最高明的呀!

(十五)故上兵伐谋,其次伐交,其次伐兵,其下攻城。①攻城之法为不得已。修橹轒辒、②具器械,三月而后成;距闉,③又三月而后已。将不胜其忿,而蚁附之,杀士三分之一,而城不拔者,此攻之灾也。④故善用兵者,屈人之兵而非战也,拔人之城而非攻也,破人之国而非久也,必以全争于天下,故兵不顿,⑤而利可全,此谋攻之法也。

【注释】①《孙子》把谋攻的方法分为四类:(一)伐谋;(二)伐交;(三)伐兵;(四)攻城。所谓"伐谋",是说敌方开始计谋之时,我应及早察明敌之政治和作战动向,以巧妙的计谋使敌人的计谋不能得逞。这被《孙子》称为"上兵"即用兵中的上策。所谓"伐交",就是在外交上战胜敌人,打击敌人。"伐兵",指以敌人军队为作战目标,目的在于消灭敌之有生力量。"攻城",以城堡为作战目标。"攻城"被《孙子》看作是下策,不得已时才去强攻敌之城寨。这就是谋攻的四类方法。 ② 修,制造。橹,按曹操注为大盾。轒辒(fén wēn 焚温),古代攻城用的兵车,上蒙以生牛皮,可掩护十人,下有四轮,可推向敌城,往来运土填堑,以防城上矢石的攻击。它只能掩护攻城部队接近城堡,而不能摧毁城堡。修橹轒辒,指建有楼橹的巢车。 ③ 闉,通"堙",高于敌人城墙的土山。构筑这种攻城的土山,可以向城上的敌兵射箭,以便掩护部队攻城。 ④ 以上是《孙子》反对攻城的理由。当时无攻城炮火,又缺乏其他攻城器械,避免攻城的主张是正确的;由此引出在野战中机动消灭敌人的思想。这是《孙子》的贡献。⑤ 顿,通钝,挫伤,困踬。

【译文】(十五) 所以,指导战争的上策是挫败敌人的战略计谋,其次是挫败敌人的外交,再次是进攻敌人的军队,下策是攻城。攻城的办法是不得已的。制造攻城的巢车和轒辒,准备攻城器械,三个月才能完成;构筑攻城的土山又要三个月才能竣工。将帅不胜其忿怒,驱使他的军队像蚂蚁一般地去爬城,士兵伤亡三分之一,而城还是攻不下来,这就是攻城的灾害呀!所以善于指导战争的人,屈服敌人的军队不用硬打,夺取敌人的城堡不用硬攻,灭亡敌人的国家不须旷日持久。一定要用全胜的计谋争胜于天下,这样军队不致受到挫伤,而胜利可以完满取得。这就是谋划进攻的法则。

【试笺】《孙子》在谋攻中,把进攻分为"伐谋"、"伐交"、"伐兵"和"攻城"四种作战形式。其中"伐兵"、"攻城"都是属于军事行动,而"伐谋"、"伐交"则超过军事行动而属于政治战略范畴。他接着上文再次申述他的"全"的思想:他设想"屈人之兵而非战也","拔人之城而非攻也","破人之国而非久也","必以全争于天下,故兵不顿,而利可全"。如何能达到这

"全"的目的呢？他没有具体地讲,不过也可以给后代军事家以一定的思想启发。但是,从理论上说,一般地提"不战而屈人之兵"是唯心论的表现。参见(十四)节注⑥。

(十六) 故用兵之法,十则围之,①五则攻之,倍则分之,敌则能战之,②少则能逃之,③不若则能避之。④故小敌之坚,⑤大敌之擒也。⑥

【注释】① 十,十倍于敌。是极言其多,并非具体的规定。意即我拥有数量上绝对优势的兵力,就可以包围敌人;使敌全部屈服或被消灭。实际上为了全歼敌军,不需要多到十倍,事实上也难做到。 ② 敌,敌我兵力相等。能,这里作助动词用。能战之,是假设在不预期遭遇中,敌我兵力相等,我应果断、勇猛,善于向敌薄弱部分猛攻,善战而胜之。 ③ 少,我军兵力数量上少于敌军。逃,奔走,逃避,决不是逃跑。 ④ 不若,指敌强我弱。这和上句"少则能逃之"意思基本相同。不宜战则"逃之"、"避之",能打就打,不能打就走。这是在野战中机动灵活的表现。主要是讲能打就打,不能打就走。 ⑤ 小敌,弱小的军队。坚,指如果固执坚守。⑥ 擒,俘虏。

【译文】(十六) 所以用兵的法则,有十倍于敌的兵力就包围敌人,有五倍于敌的兵力就进攻敌人,有一倍于敌的兵力就要设法分散敌人,有与敌相等的兵力就要善于设法击败敌人。兵力比敌人少就要退却,实力比敌人弱,就要避免决战。所以弱小的军队如果固执坚守,就会成为强大敌人的俘虏了。

(十七) 夫将者,①国之辅也,②辅周则国必强,③辅隙则国必弱。④

【注释】① 将,在外独立指挥军队的主将。　② 辅,增强车轮支力的辅木。　③ 周,亲密无间。　④ 隙,相互之间意见不合,不和睦。

【译文】(十七) 将帅好比是国君的辅木,将帅和国君的关系如同辅车相依。如果相依无间,国家一定强盛;相依有隙,国家一定衰弱。

【试笺】《孙子》把军队的统帅看成辅佐国君的骨干,关系国家之强弱,这在战国初期有其特殊的背景。不过强调将之作用似乎过高。我们认为只有国家的政治进步,经济富饶,军队装备和训练好,才能培养出善战的将军,而善战的将军和在他指挥下的军队建设和训练好坏,只是国家政权强弱的一个基本因素,对国家的强弱只能起一定的作用。将和军队,都是以经济发展、政治进步为基础。过分强调将和个人作用,不是唯物史观的见解。

(十八) 故君之所以患于军者三:①不知军之不可以进而谓之进,不知军之不可以退而谓之退,是为縻军;②不知三军之事,而同三军之政者,③则军士惑矣;不知三军之权,而同三军之任,则军士疑矣。三军既惑且疑,则诸侯之难至矣,是谓乱军引胜。④

【注释】① 患,有害。　② 縻(mí 迷),羁绊,牵制,控制。　③ 同,参加,干预。　④ 引胜,自取失败。

【译文】(十八) 国君可能使军队受到祸害的〔情况〕有三种:不懂得军队不可以前进而硬叫它前进,不懂得军队不可以后退而硬叫它后退,这叫做牵制军队;不懂得军队的内部事情而干预军事行政,就会使官兵迷惑;不懂得军事的权变而干预军队指挥,就会使军队怀疑。军队既迷惑而且怀疑,列国诸侯就会乘机而来为难。这就是所谓搞乱军队,自己引来敌人的胜利。

（十九）故知胜有五：知可以战与不可以战者胜，识众寡之用者胜，上下同欲者胜，以虞待不虞者胜，①将能而君不御者胜。②此五者，知胜之道也。

【注释】① 虞，准备。　② 御：驾御，即控制。

【译文】（十九）有五种情况可以预见到胜利：凡是能看清情况知道可以打或不可以打的，就能胜利；懂得多兵的用法也懂得少兵的用法的，就能胜利；官兵有共同欲望的，就能胜利；自己有准备以对付疏忽懈怠的敌人的，就能胜利；将帅有指挥才能而国君不加以控制的，就能胜利。这五条，是预见胜利的方法。

（二十）故曰：知彼知己，百战不殆；①不知彼而知己，一胜一负；不知彼，不知己，每战必殆。

【注释】① 殆，危险。

【译文】（二十）所以说，了解敌人，了解自己，百战都不会有危险；不了解敌人而了解自己，胜败的可能各半；不了解敌人也不了解自己，那就每战都有危险了。

【试笺】《孙子》提出"知彼知己，百战不殆"的著名原则，揭示了战争的一般规律，至今仍然是科学的真理。

形 篇 第 四

【题解】《孙子》用"形"这一概念(范畴)名篇,全篇主要是讲战争的胜败是由客观物质条件为基础而决定,并讲如何善于利用这些条件。形,简单地说就是有形的物质。《孙子》不把这种客观物质力量看成死的、静止的、孤立的。他在篇末用"决积水于千仞之溪者,形也"这样的形象思维来指明要把物质力量集中,并决开这积水,让它从八百丈陡溪上倾泻而下,这种迅猛的运动速度乘积水的重量以加强其冲击的能量。把物质看成运动中的物质,这在古代军事理论家中可算是难能可贵的。

(二十一) 孙子曰:昔之善战者,先为不可胜,①以待敌之可胜。②不可胜在己,可胜在敌。故善战者,能为不可胜,不能使敌之必可胜。故曰:胜可知,而不可为。不可胜者,守也;可胜者,攻也。守则不足,攻则有余。③善守者,藏于九地之下;善攻者,动于九天之上。④故能自保而全胜也。

【注释】① 不可胜,不能被战胜。 ② 可胜,指战胜敌人。 ③ 不足,兵力不足。有余,兵力有余。曹操注也认为:"吾所以守者,力不足也;

所以攻者,力有余也。" ④藏于九地之下、动于九天之上,有两种含义:其一,九地之下,言极其深密地隐藏自己的力量。九天之上,言极其高明地发挥自己的威力。如梅尧臣注:"九地,言深不可知;九天,言高不可测。"其二,九地,言善于利用各种地形以为坚固防守;九天,言善于利用天时天候主动地选择进攻时间。如曹操注:"因山川丘陵之固者,藏于九地之下;因天时之变者,动于九天之上。"先后两说都讲得通。

【译文】(二十一)孙子说:从前会打仗的人,先要造成不被敌人战胜的条件,来等待可以战胜敌人的机会。不被敌人战胜,这权力操在我军自己手中。可不可能战胜敌人,却在于敌人〔是否犯错误暴露了弱点〕。所以会打仗的人,能够做到不会被战胜,而不能使敌人一定出现被我战胜的情况。所以说,胜利可以预见到,而不能凭主观愿望去强求。使敌不能胜我,这是属于防守方面的事;使我可以胜敌,这是属于进攻方面的事。采取防守,是由于兵力不足(我方暂处劣势);采取进攻,是由于兵力有余(我方兵力已拥有优势)。善于防守的人,深深隐蔽自己兵力于各种地形之下;善于进攻的人,高度发挥自己的力量,动作于各种天候之中。所以能保存自己而取得完全消灭敌人的胜利。

(二十二)见胜不过众人之所知,①非善之善者也;战胜而天下曰善,②非善之善者也。故举秋毫不为多力,见日月不为明目,闻雷霆不为聪耳。古之所谓善战者,胜于易胜者也。③故善战者之胜也,无智名,无勇功。故其战胜不忒④。不忒者,其所措必胜,胜已败者也。⑤故善战者,立于不败之地,而不失敌之败也。是故胜兵先胜而后求战,败兵先战而后求胜。善用兵者,修道而保法,故能为胜败之政。

【注释】① 见胜,指预见到打胜仗。 ② 战胜,即打了胜仗。 ③ 易胜者,容易得胜的条件。 ④ 不忒(tè 特),指没有差错。 ⑤ 已败者,已经处于失败境地的敌人。

【译文】(二十二)预见到胜利,不超过一般人的见识,算不得最高明;打了胜仗普天下都说打得好,这也算不得了不起的高明。这就像举得起秋天的毫毛(极言其轻)算不得大力,看得见日月算不得眼明,听得见雷霆算不得耳聪一样。古来所说的善于打仗的人,都是在容易取胜的条件下战胜敌人的。所以善于打仗的人打了胜仗,并没有智谋的名声,也没有勇猛的武功。所以他取得胜利,不会有差错。其所以不会有差错,是因为他的战略措施先造成必胜的条件,战胜已处于失败地位的敌人。善于打仗的人,总是使自己处于不败的地位,而不放过使敌人失败的机会。因此胜利的军队先有了胜利的把握,才寻找敌人交战;失败的军队往往是先冒险同敌人交战,企图在作战中去求侥幸的胜利。善于领导战争的人,修明政治,确保法制,所以能掌握胜败的决定权。

【试笺】《孙子》提出:"先为不可胜,以待敌之可胜",这是在军事上有普遍的规律性的名言。他认为"胜可知,而不可为",在本篇着重讲战争的胜败首先决定于物质条件,所以只讲到可知而不可为,即战争的胜负是可以从双方有形的客观条件对比中预料到的,但不能超越客观条件企求胜利。这反映古代朴素唯物论的战争观,而在后文"虚实篇"第四十三段,则又讲"胜可为也"(详后)。这样把由"不可为"到"可为",由"可知"到"可为"之间的相互关系分割开了,在理论上或逻辑上看总不免是个缺陷,但在古代则是难能可贵的。他指出:"守则不足,攻则有余",根据兵力众寡强弱决定进攻或退守,是非常重要的原则,是唯物论的战争观。他又提出

"立于不败之地,而不失敌之败也",也是千古名言。

(二十三) 兵法:一曰度,^①二曰量,^②三曰数,^③四曰称,^④五曰胜;^⑤地生度,度生量,量生数,数生称,称生胜。

【注释】 ① 度,计算长短的丈尺叫度。这里度字是指国土的大小,不是指战地,杜牧注也认为是讲"国土大小"。 ② 量,计算物产体积多少的升、斗等叫量。这里指物产(主要指粮秣)收获之丰歉。 ③ 数,数目的多少。这里指户口、人口的多少,即可能征召和供养的兵力数量上之多寡。④ 称,就是"衡",衡量轻重的斤两叫衡。这里是指敌我双方力量的对比,含义似较衡广而深些,指上述"度"、"量"和"数"所构成的两方面力量对比的轻重,孙子把它叫做"称"。双方国土有大小,在国土大小基础上,物产就有多有少,户口人口也有多有少。 ⑤ 胜,即胜利。这里指的是胜利的物质基础。

【译文】 (二十三) 军事上有五个范畴:一是"度",二是"量",三是"数",四是"称",五是"胜"。〔敌对双方都有土地〕有了土地就产生〔土地面积大小不同的〕"度"的问题;〔双方土地面积大小的〕"度"的不同,就产生〔物产资源多少的〕"量"的问题;〔双方物产资源多少的〕"量"的不同,就产生〔能动员和供给兵卒众寡的〕"数"的问题;〔双方人力众寡的〕"数"的不同,就产生〔军事力量轻重对比的〕"称"了;〔双方力量轻重的〕"称"的不同,就产生胜败。

【试笺】 《孙子》在这里所说的"地生度,度生量,量生数,数生称,称生胜",这是古代战争胜败的根本物质基础,是明显唯物论战争观,讲得简单明了。其实国土大的不一定物产丰,物产丰的应召的兵员不一定多,也不一定强;敌我力量对比称胜的,如果指挥错了也会失败,这是古代唯物论的朴素性。《孙子》主张:开明的政治,能令民与上同意,这里多少反映鼓励农奴或农民的生产积极性,把战争的胜利建立在修明政治、发展封建经济、充实国家财力和物力的客观基础上,这代表新兴地主阶级较没落奴隶主略为开明的思想。

(二十四) 故胜兵若以镒称铢,① 败兵若以铢称镒。

【注释】① 镒,古代二十四两为一镒。铢,二十四分之一两为一铢。镒比铢重(24×24)五百七十六倍。这里是形容敌对双方力量对比极其悬殊。

【译文】(二十四) 胜利的军队,在力量对比上,就像用"镒"称"铢"那样占绝对优势〔自然轻而易举,必胜无疑〕;失败的军队,在力量对比上,就像用"铢"称"镒"那样,处于绝对劣势〔自然无能为力,必败无疑〕。

(二十五) 胜者之战民也,若决积水于千仞之溪者,① 形也。

【注释】① 仞,周代长度单位,八尺为仞(一说七尺为一仞)。千仞,即为八百丈。

【译文】(二十五) 胜利者指挥军队作战,就像决开在八百丈高处的溪中积水那样,这是重大的物质在迅猛运动中加强了力量(冲力)的表现呀!

【试笺】本篇《孙子》提出:"先为不可胜,以待敌之可胜。"指出"守则不足,攻则有余";"善守者,藏于九地之下,善攻者,动于九天之上";"善战者立于不败之地,而不失敌之败也"。都是杰出的战略命题。最后把战争胜利的基础(或来源)归根于国土之广大、物产之丰富、兵员之众多、敌我力量对比上的绝对优势,最后指出"胜者之战民也,若决积水于千仞之溪者,形也"。《孙子》意在用兵不但应集中优势力量,并要使它在迅猛奔流运动中加强其冲击力量,这就是《孙子》所说的"形"。这是古代唯物论辩证法的军事思想的萌芽,虽是朴素的却是卓越的。

势 篇 第 五

【题解】上篇《孙子》用"形"这一范畴名篇,本篇则以"势"名。上篇"形"着重讲客观的物质力量,本篇则主要论述主观指导上出奇和造势。前一篇孙子讲的"形",实质上就是我们现在说的"运动中的物质",本篇所讲的"势",实质上就是"物质的运动"。他要求军队组织严密,部署得宜,纪律严明,纵然遭敌突然攻击也必不至失败,即所谓"斗乱而不可乱,……形圆而不可败"。它要求"以奇胜","善出奇",奇正多变,"无穷如天地,不竭如江河"。它用质重形圆的大石,从八百丈高山上向下滚动的形象,生动地说明物质在急剧运动中的活力和能量,这就是它所要求造成的"势"。

(二十六)孙子曰:凡治众如治寡,分数是也;①斗众如斗寡,形名是也;②三军之众,可使必受敌而无败者,奇正是也;③兵之所加,如以碫投卵者,④虚实是也。

【注释】① 分数,按曹操注:"部曲为分,什伍为数。"即组织编制问题。② 形名,按曹操注:"旌旗曰形,金鼓曰名。" ③ 奇正,古代军事术语,指奇兵、正兵的战术运用。奇正一般包含以下意思:(一) 在军队部署上担任警戒、守备的部队为正,集中机动的主力为奇;担任箝制的为正,担任突击的为奇。(二) 在作战方式上,正面攻击为正,迂回侧击为奇;明攻为正,暗袭为奇。(三) 按一般原则作战为正,根据具体情况采取特殊的作战方法为奇。军队无论驻军行军,都派出警戒部队(奇)以保卫主力(正),这样即使遭到敌军突然进攻,也一定不会被打败。 ④ 碫(duàn 段),磨刀石,这里泛指石头。

【译文】(二十六) 孙子说:管理大部队,如同管理小部队一样,这是由于组织得好。指挥大部队作战,如同指挥小部队作战一样,这是由于有规定好了的信号来指挥。统帅全国军队,即使遭受敌人的进攻,也一定不致失败,这是由于"奇正"运用得正确。军队进攻所向如同用石头打鸡蛋一样,这是由于"避实就虚"运用得适宜。

(二十七) 凡战者,以正合,以奇胜。①故善出奇者,无穷如天地,不竭如江河。终而复始,日月是也。死而复生,四时是也。声不过五,五声之变,②不可胜听也。色不过五,五色之变,③不可胜观也。味不过五,五味之变,④不可胜尝也。战势不过奇正,奇正之变,不可胜穷也。奇正相生,如环之无端,孰能穷之?

【注释】①《孙子》用"奇""正"这两个相互对立的范畴来区分作战部署。所谓"以正合"即使用次要行动在正面箝制敌人,"以奇胜"即集中主力从敌侧后寻其弱点,出其不意攻其无备也。曹操注说:"正者当敌,奇兵从旁击不备也。"这里先提出奇正,而中心思想是在用各种比方来说明要出奇制胜,而出奇则每次都要有变化。 ② 五声,即宫、商、角、徵(zhǐ纸)、羽,加上变宫、变徵,实际上和现代的七个音阶完全相同。 ③ 五色,红、黄、蓝、白、黑。 ④ 五味,酸、甜、苦、辣、咸。

【译文】(二十七) 作战总是用"正"兵挡敌,用"奇"兵取胜。

国学经典读本

所以善于出"奇"的将帅,其战法变化就像天地那样〔运行〕无穷,像江河那样〔奔流〕不竭。入而复出,如同日月的运转;去而又来,类似四季的更迭。乐音不过五个音阶,可是五个音阶的变化,就听不胜听;颜色不过五种色素,可是五种色素的变化,就看不胜看;滋味不过五样味素,可是五样味素的变化,就尝不胜尝。作战的形式不过"奇""正",可是"奇""正"的变化,就无穷无尽。"奇""正"相互转化,就像圆环一样,无始无终,谁能穷尽它呢?!

【试笺】《孙子》用"五声"、"五色"、"五味"的变化作比喻,要求善战者不但要善于出奇,而且要善于多变。这种用人们所日常见闻的声、色、味的调和变化,来形象说明奇正的变化无穷,是古代朴素的辩证法。现代科学的发达证明不但月球围绕地球旋转而有盈亏现象,地球绕太阳旋转而有四季循环,而且太阳本身也不是"恒星",它以至银河系也都在运动中。然而,孙子在这段文字中,开头用"以正合,以奇胜",末后则以"奇正相生,如环之无端,孰能穷之"把出奇之变化无穷,讲得非常透彻了。

(二十八) 激水之疾,①至于漂石者,势也;鸷鸟之疾,至于毁折者,②节也。③是故善战者,其势险,其节短。势如彍弩,④节如发机。⑤

【注释】① 激水,激流的水。疾,快。 ② 毁折,捕杀。 ③ 节,距离。 ④ 彍(kuò 扩)弩,弓弩。 ⑤ 发机,击发弩机。

【译文】(二十八) 湍急的水,飞快地奔流,以至能冲走石头,这就叫做"势"。鸷鸟迅飞猛击,以至能捕杀〔小鸟小兽〕,这就叫做"节"。所以善于指挥作战的人,他所造成的态势是惊险的,所发出的节奏是短速的。惊险的势就像张满的弓弩,短速的节奏就像击发弩机〔把箭矢突然射出一般〕。

【试笺】《孙子》出奇造势的中心命题就是这里所说的"势险"和"节

短"。兵贵神速,出其不意,攻其无备,隐蔽地接近敌人到最短距离,突然地猛烈冲击敌人。这种战术原则,至今仍可资借鉴。

(二十九)纷纷纭纭,斗乱而不可乱也;浑浑沌沌,形圆而不可败也。

【译文】(二十九)旌旗纷纷,人马纭纭,在混乱的战斗中作战,要使军队不混乱;战车转动,步卒奔驰,在迷蒙不清的情况中打仗,要部署得各方面都能对付可能发生的情况而不会被打败。

(三十)乱生于治,怯生于勇,弱生于强。治乱,数也;勇怯,势也;强弱,形也。

【译文】(三十)混乱从严整中发生,怯懦从勇敢中发生,软弱从坚强中发生。严整或混乱,这是组织编制的好坏问题;勇敢或怯懦,这是态势的优劣问题;强盛或软弱,这是力量大小的表现。

【试笺】孙子看到"乱"可以从自己的对立面"治"中产生;"怯"可以从自己的对立面"勇"中产生;"弱"可以从自己的对立面"强"中产生。这种矛盾的一方面总是要向另一方转化,正是辩证法运动和发展的规律。为消灭自己的弱点,"先为不可胜",就必须谨慎从事。他指出"治乱,数也",要使自己的军队保持"治"而不发生"乱",就必须注意组织严密,纪律严明;"勇怯,势也",要使军队保持勇猛必须造成有利的态势;"强弱,形也",要使军队保持强盛的优势而不至转化为衰弱,就要十分谨慎,切忌轻敌、冒进、松懒、大意,时刻保持认真的战备、高昂的士气和严肃的纪律。这里初期表现出《孙子》军事辩证法的朴素思想,即事物会向自己的对立面转化,这是很宝贵的贡献。

（三十一）故善动敌者，形之，①敌必从之；予之，敌必取之；以利动之，以卒待之。

【注释】① 这里"形"字是作动词用，但与形篇的"形"字略有不同，而是把我方佯动的假象故意暴露给敌人看。使敌人信以为真，发生错觉而听从我之调动。

【译文】（三十一）善于调动敌人的将帅，伪装假象迷惑敌人，敌人就会听从调动；投其所好引诱敌人，敌人就会来夺取。用小利去调动敌人，用重兵来等待〔掩击〕它。

【试笺】《孙子》指出：要做到善于调动敌人，就要善于"示形"，使敌人发生错觉，以利诱敌，使敌被我调动，我乃乘其立足未稳而攻击之。这是《孙子》关于野战中调动敌人的作战思想，其中已含有后来运动战思想的萌芽。这是难能的。如果把敌人看成死的、不动或不会动的，就不可能有这个"动敌"的思想。这一思想是必须有把敌人看成能动的，并可以设法（"利而诱之"）使之调动的辩证法的思想为基础。

（三十二）故善战者，求之于势，①不责于人，故能择人而任势。②任势者，其战人也，如转木石。木石之性，安则静，危则动，方则止，圆则行。故善战人之势，如转圆石于千仞之山者，势也。③

【注释】① 求之于势，造成有利的态势。 ② 任势，依靠造成有利的态势。 ③ 上篇《孙子》说"若决积水于千仞之溪者，形也"，这篇则说"如转圆石于千仞之山者，势也"。前者着重在"积水"的物质力量，后者则在转圆石于千仞之山的运动的速度和活力（冲力），以阐明用兵的"任势"。

【译文】（三十二）善于作战的人，要依靠善于造成有利的态势以取胜，而不苛求将吏的责任。所以要能选择将吏，去利用各种有利的态势。所谓"任势"，是说善于选用将吏指挥作战，就像滚动木头、石头一般。木头、石头的本性,放在安稳平坦的地方就静止,放在险陡倾斜的地方就滚动;方的会静止,圆的会滚动。所以,善于指挥作战的人所造成的有利态势,就像转动圆石从八百丈高山上滚下来那样。这就是所谓势呀!

【试笺】《孙子》形象地用"决积水"具体地表达"运动的物质",用"转圆石"表达物质的运动,这是古代物质论和运动论的朴素思想。虽然它未能达到、当时也不可能达到我们今天所说的一切物质都是运动的物质,一切运动都是物质的运动这一认识高度。然而在古代军事理论上能有这种朴素的,然而是唯物辩证的思想,则是难能可贵的。在军事理论上不愧为一大贡献。它把军事力量不仅仅简单看成静止的客观的物质条件(包括"五事、七计","地、度、量、数、称"等),而是看成能运动的,要善于使之运动的物质力量。《孙子》对此所作的两个比喻是值得重视的。决开积水于千仞之溪,使之奔泻而下:这样巨大的积水的重量,加上奔流而下的运动速度,就大大加强了积水的冲力和能量,这就是"形"。转动千仞之山的圆石飞滚而下,形成高速度的运动,以加强冲击力和能量,这就是"势"。《孙子》要求善战者要善于"任势"、"造势",并缩短"节"(冲击的距离)以保证冲击时有猛烈的冲击速度与强大的攻击力。这就是《孙子》对将帅发挥主观能动作用的要求。

虚 实 篇 第 六

【题解】"虚实"是《孙子》用这一对对立的范畴为篇名。篇中中心思想,是阐扬虚和实是相互依存,在一定条件下是相互变化的。这里说明敌军有"实"必有"虚",无论怎样配备,都必然有弱点暴露,而且我能设法造成敌之弱点,然后"避实击虚"。"避实击虚"是孙子战略思想中主要的一个原则。篇中主要论述争取主动,避免被动;造成敌人弱点,迫使或诱使敌之兵力分散疲惫,我则集中兵力,以逸待劳,一发现敌之弱点则应迅速乘虚而入,攻其无备,"因敌而制胜"。于是得出:"胜可为也"的结论。篇名《虚实》,竹简作"实虚",不取。

(三十三) 孙子曰:凡先处战地而待敌者佚,后处战地而趋战者劳。①故善战者,致人而不致于人。②

【注释】① 趋(cù 促),快步急进。趋战就是被动地快速急进奔赴战场。　② 致人,调动敌人。不致于人,不被敌人调动。

【译文】(三十三) 孙子说:凡先到战场等待敌人的就安逸,后到战场奔走应战的就疲劳。所以善于指挥作战的人,能调动敌人而不被敌人调动。

【试笺】《孙子》讲的"致人而不致于人"就是争取主动,摆脱被动;是军事上普遍性的规律。问题在于怎样才能"致人"?! 怎样才能"不致于人"?! 这同将帅的能否多谋善断有极大关系。《唐太宗李卫公问对》也说:"《孙子》千章万句,无外乎致人而不致于人。"致人而不致于人,就是掌握战场的主动权,也就是军队行动的自由权;这是指导战争的主要原则之一。

(三十四)能使敌自至者,利之也;①能使敌不得至者,害之也。②故敌佚能劳之,饱能饥之,安能动之。

【注释】① 曹操注:"诱之以利,使敌人贪利而就我。" ② 害,畏惧,顾忌。

【译文】(三十四)能使敌自动进到我预定地域的,是用小利引诱它;能使敌不能到达其预定地域的,是制造困难阻止了它。所以敌军休息得好,能够使它疲劳;敌军粮食充足,能够使它饥饿;敌军驻扎安稳,能够使它移动。

(三十五)出其所不趋,①趋其所不意。行千里而不劳者,行于无人之地也。攻而必取者,攻其所不守也;守而必固者,守其所不攻也。

【注释】① 曹操注:"使敌不得相往而救之也。"

【译文】(三十五)进军向敌人不及急救的地方,急进向敌人意料不到的方向。行军千里而不劳顿的,是因为走的是没有敌人守备的地区。进攻必然会得手,是因为进攻的是敌人没有防守〔或不易防守〕的地点;防御必然能稳固,是因为扼守的是敌人所不进攻〔或攻不下〕的地方。

【试笺】《计篇》说过"出其不意,攻其无备",本篇又指出"攻其所不守"。《管子》指出:"攻坚则瑕者坚,乘瑕则坚者瑕。"都是避实击虚的战略指导方针和作战指导思想。

（三十六）故善攻者,敌不知其所守;善守者,敌不知其所攻。

【译文】(三十六) 所以善于进攻的,敌人不知道怎么防守;善于防御的,敌人不知道怎么进攻。

（三十七）微乎微乎,至于无形,神乎神乎,至于无声,故能为敌之司命。①

【注释】① 司命,神名。这里作主宰解。

【译文】(三十七) 微妙呀! 微妙到看不出形迹。神奇呀! 神奇到听不见声息。所以能成为敌人的主宰。

（三十八）进而不可御者,冲其虚也;退而不可追者,速而不可及也。故我欲战,敌虽高垒深沟,不得不与我战者,攻其所必救也;我不欲战,虽画地而守之,敌不得与我战者,乖其所之也。①

【注释】① 乖,背离。乖其所之也,意为我设法诱使敌军走向另一方向,而不能来进攻我军了。

【译文】(三十八) 进攻而使敌人不能抵御的,是因为冲击敌人空虚的地方;撤退而使敌人无法追击的,是因为撤退迅速得使敌人追赶不上。所以我军想要打,敌人虽然高垒深沟也不得不同我〔在野外〕作战的,是因为进攻敌人所必救的地方;我军不想打,虽然画地防守,敌人也无法来同我作战的,是因为我们诱使敌人背离他所要走的方向。

（三十九）故形人而我无形,则我专而敌分;我专为一,①敌分为十,是以十攻其一也,则我众而敌寡;能以众击寡者,则吾之所与战者,约矣。②吾所与战之地不可知,不可知,则敌所备者多;敌所备者多,则吾所与战者,寡矣。

【注释】① 专,竹简作"抟","抟"、"专"通,读团(tuán),把散碎的东西聚集成团。　② 约,有限,少。

【译文】(三十九) 能察明敌人情况而不让敌人察明我军情况,这样我军的兵力就可以集中而敌人兵力就不得不分散了。我军兵力集中在一处,敌人兵力分散在十处,这就是用十倍于敌的兵力去攻击敌人,这样我军就成了优势,敌人就转为劣势了。能够集中优势兵力攻击劣势的敌人,那么同我军当面作战的敌人就有限了。我军所要进攻的地方敌人不得而知,那么他所要防备的地方就多;敌人防备的地方一多,那么我军所要进攻的敌人就少了。

【试笺】《孙子》提出了用"形人而我无形"的方法,造成敌人兵力分散,使我转为优势而敌人相对地转为劣势。这样,就是以众击寡,以优势兵力打败劣势之敌了。在分散敌人的方法上孙子提出:"形人而我无形",亦即我形人而不使敌形我,使敌有形而我无形。这在战略思想上是难得的,而在哲学思想上则含有朴素辩证法的因素。

（四十）故备前则后寡,备后则前寡,备左则右寡,备右则左寡,无所不备,则无所不寡。寡者备人者也,众者使人备己者也。①

【注释】① 曹操注:"上所谓形藏敌疑,则分离其众以备我也。"

【译文】(四十) 所以,防备了前面,后面的兵力就薄弱;防备了后面,前面的兵力就薄弱;防备了左边,右边的兵力就薄弱;防备了右边,左边的兵力就薄弱;到处都防备,就到处兵力薄弱。兵力劣势是因为〔被动地〕去防备敌人;兵力优势是因为使敌人〔被动地〕防备我军。

(四十一) 故知战之地,知战之日,则可千里而会战。①不知战之地,不知战之日,则左不能救右,右不能救左,前不能救后,后不能救前,而况远者数十里,近者数里乎?

【注释】① 会战,交战。

【译文】(四十一) 能预料在什么地方打,在什么时候打,就是跋涉千里也可以同敌人交战;不能预料在什么地方打,在什么时候打,那就连左路也不能救右路,右路也不能救左路,前面也不能救后面,后面也不能救前面,何况远在数十里,近在数里呢?

(四十二) 以吾度之,①越人之兵虽多,②亦奚益于胜败哉?!③

【注释】① 度(duó夺),推测,判断。　② 越,春秋时国名,亦称于越。建都会稽(今浙江绍兴),春秋末常同吴国对抗。国力强盛时,其疆域约占今江苏、安徽、江西、浙江部分地区。　③ 奚,何。

【译文】(四十二) 依我分析,越国的兵虽多,又有什么补益于决定战争的胜败呢?

(四十三) 故曰:胜可为也。①敌虽众,可使无斗。②

【注释】① 为,人为。　② 无斗,不能战斗。

【译文】(四十三) 所以说,胜利可以是人为造成的。敌军虽多,可以使它无法战斗。

【试笺】《形篇》说"胜可知,而不可为",主要指敌我双方主客观条件对比,我占优势的就有了胜利的基础,也就是有了胜利的可能性,所以说"胜可知也"。本篇讲了"形人而我无形"使敌"无所不备",形成"无所不寡",左右前后不能相救,这样就使胜利经过正确的战争领导不但可以看到,而且也可以人为取得,所以言"胜可为也"。前面讲了"胜可知",后面又讲"胜可为",这是《孙子》的贡献,可惜它对这两者辩证的关系,未能阐述明白,这在逻辑上是个缺点。

(四十四) 故策之而知得失之计,①作之而知动静之理,②形之而知死生之地,③角之而知有余不足之处。④

【注释】① 策,筹策、策划,筹度、筹算或估计。　② 作,指触动、激动、诱逼(敌人)。　③ 形,察明,作动词用。　④ 角,较量。

【译文】(四十四) 所以要筹算一下计谋,来分析得失利害;触动一下敌军,来了解敌人的动静规律;侦察一下情况,来了解哪里有利哪里不利;进行一下较量,来了解敌人哪方面优势哪方面劣势。

(四十五) 故形兵之极,①至于无形;无形,则深间不能窥,②智者不能谋。

【注释】① 形,指假象。　② 深间,指打入我方很深的间谍。有人译作高明的间谍,可备一说。

【译文】(四十五) 所以伪装佯动做到最好的地步,就看不出形迹。看不出形迹,即便有深藏的间谍也窥察不到底细,聪明的敌人也想不出办法来。

(四十六)因形而错胜于众,^①众不能知;人皆知我所以胜之形,而莫知吾所以制胜之形;故其战胜不复,^②而应形于无穷。

【注释】① 因,顺应,利用。错,放置。 ② 复,重复。

【译文】(四十六)适应敌情而取胜,把胜利摆在众人面前,众人还是莫名其妙;人们只知道我们所以战胜敌人的作战方式,却不知道我们怎样灵活运用这些作战方式。所以每次战胜,都不是重复老一套的方式,而是适应不同的情况,变化无穷。

(四十七)夫兵形像水,水之形避高而趋下,兵之形避实而击虚,水因地而制流,兵因敌而制胜。故兵无常势,水无常形,能因敌变化而取胜者,谓之神。^①

【注释】① 曹操注:"势盛必衰,形露必败,故能因敌变化,取胜若神。"

【译文】(四十七)作战方式有点像水,水运动的规律是避开高处而向下奔流,作战的规律是避开敌人坚实的地方而攻击敌人的弱点,水因地形而制约它奔流的方向,作战则根据敌情而决定取胜的方针。所以作战没有固定的方式,就像水没有固定的形态一样。能根据敌情变化而取胜的,就叫做用兵如神。

【试笔】因敌制胜,这是《孙子》十分重要的作战指导思想,至今仍不失其历史的光泽。

(四十八)故五行无常胜,^①四时无常位,^②日有短长,月有死生。^③

【注释】① 五行,指水、火、木、金、土。中国古代思想家企图用五行说明世界万物的起源。这五种物质在当时是被看成相生相克的。故曰无常胜。　② 无常位,指一年四季不断更迭。　③ 月有死生,月亮有晦有明,有盈有亏。

【译文】(四十八) 五行〔互生互制〕没有哪一个固定独胜;四时〔相接相代〕没有哪一个固定不移。昼有长短,月有圆缺。

【试笺】在这一篇中,《孙子》着重讲避实击虚的原则,并进一步阐述如何"形人而我无形",造成敌人弱点,以便我之避实击虚。《孙子》所说的不但是讲战略上要"避实击虚",在战术上也要"避实击虚"。因古代作战并未把战略战术分开。

军 争 篇 第 七

【题解】本篇以"军争"命名,意指敌我两军争胜(争利),主要论述敌对双方战略展开中互相争取先敌到达或占领战略要地,先敌展开于有利地形上布成有利态势,先察明敌人弱点,以便出其不意,先发起进攻。篇内为了阐述"军争",也讲到行军问题、地形道路的调查和向导的使用。

(四十九)孙子曰:凡用兵之法,将受命于君,合军聚众,交和而舍,①莫难于军争。②军争之难者,以迂为直,③以患为利。故迂其途,而诱之以利,后人发,先人至,此知迂直之计者也。

【注释】① 交和,军门为和门。两军相对谓之交。舍,驻扎、舍营。② 军争,两军争取制敌先机。 ③ 迂,迂回。

【译文】(四十九)孙子说:凡是用兵的规律,主将接受国君命令,从动员组织民众、编制成军队到同敌人对阵,在这过程中没有比〔战略前进中〕争取先机之利更困难的。争取先机之利之所以困难,是因为要把〔从表面看是遥远的〕迂回的弯路,变为〔实际上是近便的〕直路,是要把困难变成有利。所以故意迂回绕道,并用小利引诱敌人,这样就能比敌人后出动而先到达〔所要争夺的战场要地〕,这就是懂得以迂为直的计谋的。

【试笺】《孙子》指出的"以迂为直,后人发,先人至",即使在今天两军遭遇战斗中亦可供参考。

以迂为直,迂是直的对立面,《孙子》提出以迂为直,已表现他有人为地把迂变成对立面直的朴素辩证法思想的萌芽。

（五十）故军争为利,军争为危。举军而争利,①则不及;委军而争利,②则辎重捐。③是故卷甲而趋,④日夜不处,⑤倍道兼行,百里而争利,则擒三将军,⑥劲者先,疲者后,其法十一而至;⑦五十里而争利,则蹶上将军,⑧其法半至;三十里而争利,则三分之二至。是故军无辎重则亡,无粮食则亡,无委积则亡。⑨

【注释】①举,扛,抬。指带着装备、辎重。 ②委,抛弃,丢下。指丢弃辎重。 ③捐,捐弃。损失。 ④卷,收藏,卷起。 ⑤不处,不停。 ⑥三将军,指三军将帅。春秋时,大国多设三军。如晋设中军、上军、下军,以中军之将为三军统帅。楚设中军、左军、右军。"擒三将军"是说三军的主帅都会被俘。 ⑦十一,十分之一。 ⑧蹶,挫折,挫跌。 ⑨委积,储备粮草。

【译文】（五十）所以争取先机之利是有利的,同时争取先机之利也是有危险的。如果全军带着装备辎重去争利,就不能及时到达预定地域;如果放下重装备和辎重去争利,装备辎重就会丢失。因此,卷起盔甲,轻装急进,昼夜不停,加倍行程来赶路,走上百里去争利,〔如果遇到意外情况〕那么三军将领都可能被俘,队伍强壮的先到,疲弱的掉队,其结果只会有十分之一的人马赶得到;走五十里去争利,〔如果遇到情况〕先头部队的将领会受挫折,队伍只有半数赶得到;走三十里去争利,可能有三分之二赶得到。要知道军队没有随军辎重就不能生存,没有粮食接济就不能生存,没有储备粮草就不能生存。

【试笺】《孙子》指出"军争为利,军争为危"是辩证的逻辑。故"军争为危"不宜改为"众争为危"。至于断言"军无辎重则亡,无粮食则亡,无委积则亡",揭示了战争中对后方供应依赖的重要性,也说得对。如果"亡"字作灭亡解,似不免绝对化了。

(五十一)故不知诸侯之谋者,不能豫交;①不知山林、险阻、沮泽之形者,不能行军;不用乡导者,②不能得地利。③

【注释】① 豫,同"预"。 ② 乡导,即向导。 ③ 此段与《九地篇》九十二段的前三句全同,从文意看以在该段为宜。这三句中,第一句和军争无关;后两句即便重复,对军争仍有必要。

【译文】(五十一)不了解列国政治动向的,不能预定外交方针;不熟悉山林、险阻、水网、沼泽等地形的,不能行军;不重用向导的,不能得到地利。

(五十二)故兵以诈立,①以利动,以分合为变者也。

【注释】① "诈"字是"陷阱奇伏",多变而用奇的意思,与道义上的"欺骗"、"欺诈"的意思完全不同。

【译文】(五十二)军队是用诡诈的方法隐蔽自己的意图,根据有利的原则决定自己的行动,把分散和集中兵力作为〔战略战术的〕变化的方式。

（五十三）故其疾如风，其徐如林，侵掠如火，^①不动如山，难知如阴，^②动如雷震。^③

【注释】① 侵掠，出击，进攻。　② 阴，阴天。　③ 雷震，有些版本作"雷霆"，有雷霆万钧之意，也有迅雷不及掩耳，闪电不及瞬目之意。

【译文】（五十三）所以军队的行动迅速起来像疾风，舒缓的时候像森林，攻击起来像烈火，不动的时候像山岳，难以窥测像阴天〔看不见日月星辰〕，一动起来像迅雷、闪电。

（五十四）掠乡分众，^①廓地分利，^②悬权而动。^③

【注释】① 掠，掳掠。乡，周代制度都城以外为乡，是奴隶居住的行政区划单位。众，奴隶、农奴。　② 廓，同"扩"。　③ 悬权，衡量利害得失。

【译文】（五十四）掳掠乡邑，分配俘虏来的人众，扩张领土，分配掠夺来的资源，衡量利害得失，然后决定行动。

（五十五）先知迂直之计者胜，此军争之法也。

【译文】（五十五）事先懂得以迂为直的计谋的就胜利，这就是争夺先机之利的原则。

（五十六）《军政》曰：^①"言不相闻，故为鼓金；^②视不相见，故为旌旗。"夫鼓金旌旗者，所以一人之耳目也；^③人既专一，则勇者不得独进，怯者不得独退，此用众之法也。故夜战多火鼓，昼战多旌旗，所以变人之耳目也。

【注释】①《军政》，梅尧臣注："军之旧典。"王皙注："古军书。"《左传》：《军政》'不戒而备。'"此书似述治军之政及关于军中制度的若干规定，已失传。　② 鼓金，即锣鼓，古代战场上通信联络的工具。击鼓则进，鸣金则退。　③一,作动词用,统一。

【译文】(五十六)《军政》说:"因相互间听不见讲话,所以设置锣鼓;相互间看不见动作,所以设置旌旗。"锣鼓、旌旗,是统一军人耳目的,人们的视听既然一致,那么勇敢的就不能单独前进,怯懦的也不能单独后退了,这就是指挥大部队作战的方法。所以夜间作战多用火光和鼓声,白天作战多用旗帜。这些不同的指挥讯号是为了适应人们的视听而变动使用的。

(五十七)故三军可夺气,①将军可夺心。是故朝气锐,昼气惰,暮气归。②故善用兵者,避其锐气,击其惰、归,此治气者也。以治待乱,以静待哗,此治心者也。以近待远,以佚待劳,以饱待饥,此治力者也。③无邀正正之旗,④勿击堂堂之阵,⑤此治变者也。⑥

【注释】①气,士气。心,决心,信心。　②"是故"只是承上启下的连接词,并非上文的结论。《孙子》用一日之早晚比喻军队出战之久暂的士气。用早上的朝气,比方军队初战时的锐气;用中午的昼气,比方军队出动渐久,则士气不免松懒,王晢注"渐久稍息";用晚上的暮气来比喻军队出动既久,则士气因疲惫而衰竭。这和曹刿论战中所说"一鼓作气,再而衰,三而竭"是一致的。但不一定指一天之内士气的变动。梅尧臣注曰:"朝,言其始也;昼,言其中也;暮,言其终也。"所谓"暮气归"是极言军久在外气衰力疲,士气低落。　③力,战斗力。　④邀,截击,拦击。正正之旗,旗帜整齐的敌军。　⑤堂堂之阵,阵容整齐、兵力强大的敌军。　⑥变,随机应变。

【译文】(五十七)对于敌人的军队,可以打击它的士气;对于敌人的将领,可以搅乱他的决心。早晨朝气饱满,当午逐渐懈怠,傍晚就疲乏思归了。所以善于用兵的人,要避开敌人〔初来时)的锐气,等待敌人松懈疲惫时再去打它,这是掌握军队士气的方法。用自己的严整等待敌人的混乱,用自己的镇静等待敌人的轻躁,这是掌握将领心理的方法。用自己部队的接近战场等待敌人的远道迎战,用自己部队的安逸休整等待敌人的奔走疲劳,用自己部队的饱食等待敌人的饥饿,这是掌握军队战斗力的方法。不去拦击旗帜整齐〔配备周密〕的敌人,不去攻击阵容堂皇〔实力强大〕的敌军,这是掌握机动变化的方法。

【试笺】"避其锐气,击其惰归"是《孙子》争取战略主动的重要原则之一。它所要求的"治气"、"治心"、"治力"、"治变",是和前面说过的"先立于不败之地而不失敌之败也"的思想相联系的。

(五十八)故用兵之法,高陵勿向,①背丘勿逆,②佯北勿从,③锐卒勿攻,饵兵勿食,归师勿遏,④围师遗阙,⑤穷寇勿迫,此用兵之法也。

【注释】① 高陵,此指占领高地之敌。 ② 背丘,此指背靠高地之敌。逆,迎战,迎击。正面去攻击。 ③ 北,败。从,追击。 ④ 遏,阻止。⑤ 阙,通"缺"。指留一条路给敌人退走。

【译文】(五十八)用兵的法则:敌军占领高地不要去仰攻,敌军背靠高地不要去正面攻击,敌军假退却不要去跟踪追击,敌军精锐所在不要去攻击,敌军用小利诱我不要上钩,敌军退回本国不要去拦截,包围敌人要留个缺口,敌军已到绝境〔可能拼命时〕,不要急于迫近。这是用兵的法则。

【试笺】《孙子》所举八条原则都是初次交战中从慎重作战提出的,不免带有消极性和局限性。

九变篇第八

【题解】本篇讲各种特殊情况的机断措施。"九"泛指多，"变"指不按正常原则处置。篇内内容错杂，先讲五种地形，次讲五种情况及根据当时具体形势而应作的灵活应变，再次指出智者之虑必杂于利害，再次论战略上指挥诸侯的方法，再次强调有备无患，最后提出将有五危的警告。

(五十九) 孙子曰: 凡用兵之法, 将受命于君, 合军聚众, 氾地无舍,①衢地交合,②绝地无留,③围地则谋,④死地则战。⑤

【注释】① 氾地, 十家本、《武经》本作"圮地", 据竹简作"氾地"。水网、湖沼等难行的地区, 叫作氾地。　② 衢地, 几国交界、四通八达之地。在此可以结交诸侯, 取得某种援助。故曹操注:"结诸侯也。"　③ 绝地, 据李筌注, 没有泉、井, 无从畜牧和采樵的地区, 叫做绝地。贾林注则说是:"溪谷坎险, 前无通路曰绝。"即地形险要地区。　④ 围地则谋, 指易被包围之地区。　⑤ 死地, 不奋勇作战就只有死亡的地区, 叫做死地。

【译文】(五十九) 孙子说: 凡是用兵的法则: 主将接受国君的命令, 动员组织民众编制成军队〔出征〕, 在"氾地"上不可安营, 在"衢地"上应结交诸侯, 在"绝地"上不可停留, 遇到"围地"

就要巧出计谋,陷入"死地"就要坚决奋战。

【试笺】这里讲的五种地区,地形篇讲的六种地形(见原文七十七段),九地篇讲的九种地区(见原文八十三段),六种地区(见原文八十九段)和九地篇九种地形上的行动方针(见原文九十段)都是古代"兵要地理"的萌芽的论述,有许多重复,疑是《孙子》流传中不同笔记者的综合。但其中也有杰出的命题,如:"围地则谋","死地则战"。以上论述可看作《孙子》地形观的一种表现。

(六十) 涂有所不由,①军有所不击,城有所不攻,地有所不争,君命有所不受。②

【注释】① 涂,通"途"。由,经由,经过。 ② 君命,即诸侯的命令。

【译文】(六十) 道路有的〔虽可走而〕不走,敌军有的〔虽可打而〕不打,城堡有的〔虽可攻而〕不攻,地方有的〔虽可争而〕不争,国君的命令有的不应接受。

【试笺】"君命有所不受",是这一段话的重点,是《孙子》的特殊命题。当时,只在战国初期将相开始分工,孙子要求相对的集中,反对"于军不利"的"中枢遥控"时才提出来的。

(六十一) 故将通于九变之地利者,①知用兵矣;将不通于九变之利者,虽知地形,不能得地之利矣;治兵不知九变之术,虽知五利,②不能得人之用矣。

【注释】① 九变,各种机变。九,泛指多;变,指不照正常情况、循规蹈矩,而根据具体情况,从当时客观情况需要出发所作的特殊处置,临机专断,不拘常法,怎样行动最合适就怎样行动。 ② 五利,一说,是指"涂有所不由、军有所不击、城有所不攻、地有所不争、君命有所不受"等五项权宜之计。另一说,是指"汜地无舍,衢地交合,绝地无留,围地则谋,死地则战"。两说的实质,都是指要根据不同的情况,临机应变。

【译文】(六十一) 将帅能精通以上各种机变的运用,就是懂得用兵了。将帅不精通以上各种机变的运用,虽然了解地形,也不能得到地利。指挥军队不知道各种机变的方法,虽然知道"五利",也不能充分发挥军队的战斗力量。

(六十二) 是故智者之虑,必杂于利害。①杂于利,而务可信也;②杂于害,而患可解也。③

【注释】① 杂,兼顾。 ② 务,事。这里指作战意图、任务、胜利。信,通"伸",伸展、达到的意思。 ③ 可解,化解。

【译文】(六十二) 聪明将帅的思考,必须兼顾到利害两方面的条件。〔在不利情况中〕要同时看到有利条件,才能提高胜利信心;〔在顺利情况中〕要同时看到危害的可能,才能化解〔可能发生的〕祸患。

(六十三) 是故屈诸侯者以害,①役诸侯者以业,②趋诸侯者以利。

【注释】① 屈,屈曲不伸。害,不利之事。 ② 役,役使。业,事务。趋,曹操注:"令自来也。"

【译文】(六十三) 要使各国诸侯的力量不能伸展,就要用计谋去伤害它;要使各国诸侯忙于应付,就要用〔它不得不做的〕事业驱使它;要使各国诸侯被动奔走,就要用小利去引诱它。

(六十四) 故用兵之法,无恃其不来,①恃吾有以待也;无恃其不攻,恃吾有所不可攻也。

【注释】① 恃,指望,依靠。

【译文】(六十四) 用兵的法则,不要指望敌人不来打,而要依靠我们有了准备等待它;不要指望敌人不进攻,而要依靠我们有了使敌人进攻不下的力量和办法。

(六十五) 故将有五危①:必死,②可杀也;必生,③可虏也;忿速,④可侮也;廉洁,可辱也;爱民,可烦也。⑤凡此五者,将之过也,用兵之灾也。覆军杀将,必以五危,不可不察也。

【注释】① 将,将帅。五危,五种性格上的缺陷。 ② 必死,死拼。③ 必生,贪生。 ④ 忿速,愤怒急躁。 ⑤ 曹操注:"出其所必趋,爱民者,则必倍道兼行以救之;救之则烦劳也。"

【译文】(六十五) 将帅有五种〔性格上的缺陷造成的〕危险:只知死拼会被杀,贪生怕死会被俘,急躁易怒则经不起刺激,廉洁自爱则受不了侮辱,爱护居民则〔会因掩护居民而〕遭受烦劳。这五种危险,是将帅的过错,也是用兵的灾害呀!军队覆灭、将帅被杀,都由于这五种危险引起,是不可不警惕的。

【试笺】本篇中《孙子》指出:"智者之虑必杂于利害。"这是全面看问题的观点,是可贵的命题。又其中指出:"无恃其不来,恃吾有以待之……"至今无论哪一国的国防计划基本上也都离不开这种指导思想。自然今天的"恃吾有以待之"的具体准备与古代的准备就大不相同了。

行 军 篇 第 九

【题解】 本篇主要内容是讲行军、驻军(舍营或露营)和征候判断。大概由于断简,本篇中各段各句秩序有些零乱。

(六十六) 孙子曰:凡处军、相敌:①绝山依谷,②视生处高,战隆无登,③此处山之军也。绝水必远水;客绝水而来,勿迎之于水内,令半济而击之,利;欲战者,无附于水而迎客;④视生处高,无迎水流,此处水上之军也。绝斥泽,⑤惟亟去无留;若交军于斥泽之中,必依水草,而背众树,此处斥泽之军也。平陆处易,而右背高,前死后生,此处平陆之军也。凡此四军之利,黄帝之所以胜四帝也。⑥

【注释】 ① 处军,驻军,安营扎寨。相敌,征候判断。 ② 绝,越过,通过。 ③ 战隆无登,指敌已占高地,不宜从正面去仰攻它。 ④ 无附于水,指不要把防御的军队紧靠河边配置。 ⑤ 斥,盐碱地带。斥泽,指的是瘠卤沮洳之所,水草恶,只有赶快离开它为好。 ⑥ 黄帝,中国古代传说中的帝王,是原始社会末期部落联盟的领袖,又称轩辕氏。四帝,指黄帝周围的部落首领,后来被黄帝所统一。

【译文】 (六十六) 孙子说:凡军队在各种地形上的处置和判

断敌情时,应该注意〔以下原则〕:通过山地,必须靠近山谷,驻在高处,使前面视界开阔,敌人占领高处,不宜去仰攻,这是在山地上军队的处置。横渡江河,应远离水流;敌人渡水而来,不要迎击它于水上,让它渡过一半时去攻击它,才有利;想决战的,不要紧靠水边抗击敌人;沿河驻扎军队也应驻在高处,使前面视界开阔,不要面迎水流,这是在江河水流上军队的处置。通过盐碱沼泽地带,要迅速离开,不可逗留;如果同敌军相遇于盐碱沼泽地带上,那就必须靠近水草而背靠树林,这是在盐碱沼泽地带上军队的处置。在平原上应占领开阔地域,主要的翼侧和后方应倚托高地,前低后高,这是在平原地上军队的处置。掌握这四种利用地形的原则,就是黄帝之所以能战胜其四周部落的原因啊!

(六十七) 凡军好高而恶下,贵阳而贱阴,养生而处实,①军无百疾,是谓必胜。丘陵堤防,必处其阳,而右背之。此兵之利,地之助也。

【注释】① 养生,靠近水草,便于放牧战马;利粮道便于供应。处实,驻扎在地势高处。

【译文】(六十七) 凡是驻军总是选择干燥的高地,而避开潮湿的洼地;要求向阳,而回避阴暗;接近水草,保持供应,驻扎高处;这样军中没有各种疾病,也就是胜利的保证了。对于丘陵堤防,应占领它向阳的一面,而把主要的翼侧和后方倚托着它。这些对于用兵有利的措置,是利用地形作为辅助条件的。

(六十八) 上雨,①水沫至,②欲涉者,待其定也。

【注释】① 上雨,指河流的上游下雨。 ② 水沫至,指北方山洪暴发前,先有水沫冲来。

【译文】(六十八) 上游下雨,水沫冲来,要徒涉的,应等待水流稍定,然后才徒涉。

(六十九) 凡地有绝涧、天井、天牢、天罗、天陷、天隙,①必亟去之,②勿近也。吾远之,敌近之;吾迎之,敌背之。

【注释】① 曹操注:"山深水大者为绝涧;四方高、中央下为天井;深山所过,若蒙笼者为天牢;可以罗绝人者为天罗;地形陷者为天陷;山涧道迫狭、地形深数尺长数丈者为天隙。" ② 亟,赶快,立即。

【译文】(六十九) 地形有"绝涧"、"天井"、"天牢"、"天罗"、"天陷"、"天隙",〔遇上这些地形〕必须迅速离开,不要接近。我们应远离这种地形,让敌人去靠近它;我们应面向着它,而让敌人去背靠着它。

(七十) 军行有险阻、①潢井、②葭苇、③山林、翳荟者,④必谨复索之,此伏奸之所处也。

【注释】① 军行,一作"军旁",不管用"行"字抑用"旁"字,都只能作行军路旁解。险阻,有悬崖绝壁的隘路。 ② 潢,积水地。潢井,泛指沼泽水网地带。 ③ 葭苇,即芦苇丛生之地。 ④ 翳荟(yì huì 意会),草木繁盛之所。

【译文】(七十) 进军路上遇有悬崖绝壁的隘路、湖沼、水网、芦苇、山林和草木茂盛的地方,必须谨慎地反复搜索,这些都是敌人可能设下埋伏或隐蔽侦察的地方。

(七十一) 敌近而静者,恃其险也;远而挑战者,欲人之进也;其所居易者,利也。①

【注释】① 曹操注:"所居利也。"

【译文】(七十一)敌人逼近而安静的,是依靠他占领地形的险要;敌人远离而来挑战的,是想诱我前进;敌人所占领的地形平坦的,是有利于同我决战。

(七十二)众树动者,来也;①众草多障者,疑也;②鸟起者,伏也;兽骇者,覆也。③尘高而锐者,④车来也;卑而广者,⑤徒来也;⑥散而条达者,⑦樵采也;⑧少而往来者,⑨营军也。⑩

【注释】① 由此至七十四段讲的,在现代军语上叫征候,按发现敌人、接近敌人、敌使来往和敌军内部情况的秩序看,这段话似应在前段之前。从七十一至七十四段内,还有好些句似多系错简。 ② 疑,设疑兵。 ③ 覆,倾出。指敌人倾巢,来袭。 ④ 尘高而锐者,飞尘高而尖。 ⑤ 卑而广者,飞尘卑而广阔。 ⑥ 徒,步兵。 ⑦ 散而条达者,飞尘散乱纵横,断断续续。 ⑧ 杜牧注:"樵采者,各随其向,故尘埃散衍。" ⑨ 少而往来者,尘土少而且时起时落。 ⑩ 营军,安营扎寨。

【译文】(七十二)〔无风而〕许多树木摇动的,是敌人隐蔽前来;丛草中有许多障碍的,是敌人布下的疑阵;鸟飞起的,是下面有伏兵;兽骇走的,是敌人隐蔽来袭;尘土高而尖的,是敌人的战车来了;尘土低而宽广的,是敌人的步兵来了;尘土疏散飞扬的,是敌人在砍柴曳柴;尘土少而时起时落的,是敌人正在扎营。

(七十三)辞卑而益备者,进也;辞强而进驱者,退也;轻车先出居其侧者,陈也;①无约而请和者,谋也;奔走而陈兵者,期也;②半进半退者,诱也。

【注释】① 陈,同"阵",作动词用,布阵。 ② 期,会合。引伸为决战。

【译文】(七十三) 敌人派来的使者措词谦逊却正在加紧战备的,是准备进攻;措词强硬而摆成前进姿态的,是准备后退;轻车先出动,部署在翼侧的,是在布列阵势;没有约会而来讲和的,是另有阴谋;敌人兵卒奔走而摆开兵车列阵的,是要同我决战;敌人半进半退的,是企图引诱我军。

【试笺】上文论尘飞、鸟起、兽骇等都是一般的现象,容易看出其企图。这一段举的多是假象,是要求当事者不为假象迷惑,而需要冷静看清敌人的企图(计谋,行动)。

(七十四) 杖而立者,①饥也;汲而先饮者,②渴也;见利而不进者,劳也;③鸟集者,虚也;夜呼者,恐也;④军扰者,将不重也;旌旗动者,乱也;吏怒者,倦也;粟马肉食,军无悬瓿,⑤不返其舍者,穷寇也;谆谆翕翕,⑥徐与人言者,失众也;数赏者,窘也;⑦数罚者,困也;先暴而后畏其众者,不精之至也;来委谢者,⑧欲休息也。兵怒而相迎,久而不合,又不相去,必谨察之。

【注释】① 杖,拄杖。 ② 汲,打水。 ③ 劳,疲惫。 ④ 这在旧军队叫"惊营",表明军心不稳,夜间惊慌。 ⑤ 瓿(音 fǒu 否),煮饭的陶锅。 ⑥ 谆谆翕翕(xī 吸),谓聚集在一起低声议论。此指低声下气和部下讲话的。 ⑦ 窘,没有办法。 ⑧ 委谢,委赘谢罪。

【译文】(七十四) 敌兵倚着兵器而站立的,是饥饿的表现;敌兵打水而自己先饮的,是干渴的表现;敌人见利而不前进的,是疲劳的表现;〔敌人营寨上〕集聚鸟雀的,下面是空营;敌人夜间惊叫的,是恐慌的表现;敌军惊扰的,是敌将不持重;旗帜摇动不整齐的,是敌人队伍已经混乱;敌人军官易怒的,是疲倦的表现;用粮食喂马,杀掉〔拉辎重大车的〕牛吃肉,收拾起炊具,部队不返营舍的,是准备拼命突围〔或逃跑〕的穷寇;低声下气同部下讲话的,是敌将失去人心;不断奖励的,是敌军没有办法,不断惩罚的,是敌人处境困难;先强暴然后又害怕部下的,是最不精明的将领;派来使者谈判措词委婉态度谦逊的,是敌人想休战;敌军愤怒向我前进,但久不交锋又不撤退的,必须谨慎地观察他的企图。

(七十五)兵非贵益多也,惟无武进,①足以并力、料敌、取人而已。夫惟无虑而易敌者,②必擒于人。

【注释】① 武进,盲目冒进。 ② 易敌,轻敌。

【译文】(七十五)兵力不在于愈多愈好,只要不盲目冒进,而能集中力量,判明敌情,选拔人才,就行啦。只有那种毫无深思熟虑而又轻敌的人,必定会被敌人所俘虏。

(七十六)卒未亲附而罚之,①则不服,不服则难用也。卒已亲附而罚不行,则不可用也。故令之以文,②齐之以武,是谓必取。令素行以教其民,③则民服;令不素行以教其民,则民不服。令素行者,与众相得也。

【注释】① 亲附,亲近依附。 ② 文,怀柔、安抚。 ③ 素,平时。

【译文】(七十六)兵卒还未曾亲近依附之前就执行惩罚,他们会不服,不服就很难使用。兵卒已经依附,如果纪律不能执行,也不能用来作战。所以要用"文"的〔怀柔手段〕去管理他们,用"武"的〔军纪军法〕使他们整齐一致,这就叫做必胜之军。平素严格贯彻命令来管教兵卒,兵卒就能养成服从的习惯,平素不能严格贯彻命令来管教兵卒,兵卒就会养成不服从的习惯。命令平素能贯彻执行的,是表明将帅同兵卒之间相处得来。

【试笺】《孙子》在论"处军"中,把行军所过地区的处置分成四类:即处山、处水、处斥泽、处平陆,分别指出了处军的原则。对于征候,他的论述从远望树动、鸟飞、兽骇、尘起说起,讲到敌使的言词,最后论到敌军内部的种种表现(因断简,所以秩序有些颠倒)。所举之例,自然早已过时,然而二十世纪初期国内旧军队之"野外勤务条令"中仍引用了鸟飞尘起之类的例子。现在,观测器材迅速发展、不断完善,侦察的概念为之一新,决非古代可比,然而本篇所述判断情况的某些方法,仍有可供参考之处。又,《孙子》在本篇中提出:"兵非贵益多也,惟无武进,足以并力、料敌、取人而已。夫惟无虑而易敌者,必擒于人。"对每个指挥员都值得参考。

地形篇第十

【题解】本篇主要内容：上半是论和作战有密切关系的地形，孙子把它区分为六种，简称为六形，在作战前必须认真精密研究，以为立胜前提；下半论军队必败的六种情况，简称为六败。篇末阐述爱兵之重要和将帅的责任心，都提出了卓越的命题。

（七十七）孙子曰：地形有"通"者，有"挂"者，有"支"者，有"隘"者，有"险"者，有"远"者。我可以往，彼可以来，曰"通"；"通"形者，先居高阳，利粮道，以战则利。可以往，难以返，曰"挂"；"挂"形者，敌无备，出而胜之；敌若有备，出而不胜，难以返，不利。我出而不利，彼出而不利，曰"支"；"支"形者，敌虽利我，我无出也；引而去之，令敌半出而击之，利。"隘"形者，我先居之，必盈之以待敌；①若敌先居之，盈而勿从，不盈而从之。"险"形者，我先居之，必居高阳以待敌；若敌先居之，引而去之，勿从也。"远"形者，势均，难以挑战，战而不利。凡此六者，地之道也；将之至任，不可不察也。

【注释】① 盈,充满。这里指遇到隘路必须前出占领隘路口。

【译文】(七十七)孙子说:地域形状有"通"、"挂"、"支"、"隘"、"险"、"远"等六形。我们可以去,敌人可以来的地域,叫做"通"。在这种"通"形的地域上,应先占领视界开阔的高地,沟通并保护粮道,这样作战就有利。可以前进,难以后退的地域叫做"挂"。在这种"挂"形的地域上,如果敌人没有防备,就可以突然出击而战胜它;如果敌人有防备,出击而不能取胜,又难以退回,就不利了。我军前出不利,敌军前出也不利的,叫做"支"。在这种"支"形的地域上,纵然敌人利诱我们,我们也不要前出;可引兵离去,让敌人前出一半然后回击它,这样就有利。在"隘"形的地域上,如果我们先到达,必须前出占领隘口,等待敌人来犯;如果敌人先到达,已前出占领隘口的,不要去打;没有占领隘口的,可以去打。在"险"形的地域上,如果我军先到达,必须控制视界开阔的高地,以等待敌人来犯;如果敌人先到达,就应引兵离去,不要去打它。在"远"形地域上,双方形势均等,不宜挑战,勉强求战,就不利。这六条,是利用地形的原则,将帅重大责任所在,是不可不研究的。

(七十八)故兵有"走"者,有"弛"者,有"陷"者,有"崩"者,有"乱"者,有"北"者。① 凡此六者,非天之灾,将之过也。夫势均,以一击十,曰"走";卒强吏弱,曰"弛";吏强卒弱,曰"陷";大吏怒而不服,② 遇敌怼而自战,③ 将不知其能,曰"崩";将弱不严,教道不明,吏卒无常,陈兵纵横,曰"乱";将不能料敌,以少合众,以弱击强,兵无选锋,曰"北"。凡此六者,败之道也;将之至任,不可不察也。

【注释】① 北,败。　② 大吏,小将或偏将。　③ 怼(duì 对),怨恨,埋怨。

【译文】(七十八) 军队有"走"、"弛"、"陷"、"崩"、"乱"、"北"等〔六种必败的〕情况。这六种情况,不是天灾,而是将帅的过错〔造成的〕。凡是形势强弱相等而以一击十的,叫做"走"。兵卒强横军官软弱的,叫做"弛"。军官横蛮兵卒懦弱的,叫做"陷"。偏将愤怒而不服从,遇到敌人因心怀不满而擅自〔带领所属部队单独〕出战,将帅不了解他们会干什么的,叫做"崩"。将帅懦弱不严,管教不明,官兵没有规矩,出兵列阵时横冲直撞的,叫做"乱"。将帅不能判断敌情,用劣势的兵力去对付优势的敌人,用弱兵去打强敌,使用队伍不会选择精锐的,叫做"北"。凡有这六种情况,都是必然要造成失败的,将帅的重大责任所在,是不可不研究的。

(七十九) 夫地形者,兵之助也。料敌制胜,计险厄远近,上将之道也。知此而用战者必胜,不知此而用战者必败。

【译文】(七十九) 地形是用兵的辅助条件。判明敌人企图,研究地形险易,计算道路远近,制定取胜计划,这是主将的职责。懂得这些道理去指挥作战的,必然会胜利;不懂得这些道理去指挥作战的,必然会失败。

【试笺】《孙子》在本篇中,首先分析同大军作战有利害关系的地形,叫做六形,指出在这六种不同地区应分别采取不同的行动方针。然后(不是连接的)论述管理军队必须警惕防止六种必败的情况出现,称之为六败。对六形的研究,六败的警惕防止,孙子都把它列为大将主要责任所在。他强调指出,凡出现这些必败情况的产生,并不是"天灾",而是将帅的错误。这表现出反天命论的思想。对于地形研究的重要性强调之后则指出"夫地形者,兵之助也"。这里既重视地形,又指明地形不过是用兵的辅助条件,又一次概括地强调"上将之道",在于"料敌制胜,计险厄远近",这对于指导战争胜败主观能动的问题集中到一点讲得既简要又明了,对古代将帅的确有指导作用。

(八十) 故战道必胜,主曰无战,[①] 必战可也;战道不胜,主曰必战,无战可也。故进不求名,退不避罪,唯人是保,而利合于主,国之宝也。

【注释】① 主,君主。

【译文】(八十) 从战争规律上看来必然会胜利的,虽然国君说不打,也可以坚持去打;从战争规律上看来不能打胜仗的,虽然国君说一定要打,也可以不去打。所以进不求名誉,退不避刑罚,只知道保护民众而有利于国君。这样的将帅,是国家最宝贵的财产。

(八十一) 视卒如婴儿,故可与之赴深溪;视卒如爱子,故可与之俱死。厚而不能使,爱而不能令,乱而不能治,譬若骄子,不可用也。

【译文】(八十一) 对待兵卒像婴儿,就可以叫他们去冒险;对待兵卒像爱子,就可以叫他们去拼死。如果厚待而不能指使,抚爱而不能命令,违法乱纪而不能治理,那就像骄子一样,是不能用来作战的。

（八十二）知吾卒之可以击，而不知敌之不可击，胜之半也；知敌之可击，而不知吾卒之不可以击，胜之半也；知敌之可击，知吾卒之可以击，而不知地形之不可以战，胜之半也。故知兵者，动而不迷，举而不穷。^①故曰：知彼知己，胜乃不殆；知天知地，胜乃可全。

【注释】① 举，措施。

【译文】（八十二）了解自己的部队能打，而不了解敌人不可以打，胜利的可能只有一半；了解敌人可打，而不了解自己的部队不能打，胜利的可能只有一半；了解敌人可打，也了解自己的部队能打，而不了解地形之不利于作战，胜利的可能也只有一半。所以懂得用兵的人，行动不会迷惑，措施却又变化无穷。所以说，了解敌人，了解自己，胜利就没有危险；懂得天时，懂得地利，胜利就可保完全。

【试笺】本篇前面强调了"上将之道"是"料敌制胜，计险厄远近"，这里又指出"知兵者，动而不迷，举而不穷"，不但要"知彼知己"，而且要"知天知地"，可见孙子对将帅的严格要求。篇中强调"爱兵"又说："进不求名，退不避罪"，这是难得的命题，也是军事上的名言。

九地篇第十一

【题解】本篇论述进攻敌国时,在不同战地——"九地"的战略问题。所谓"九地",是指进攻敌国的深浅及所遇到的对战略行动有影响的不同地区的战略行动方针。在本篇反复说明由于"九地"的不同特点和作用,所应采取的不同作战方针。强调要造成敌人弱点,争取主动,乘虚直入,行动迅速;要并气积力,运兵计谋,要善于指挥军队。要善于掌握全军。再又论述了将帅的工作作风;深入别国后的行动和行动的保密与机动。

(八十三)孙子曰:用兵之法,有"散地",有"轻地",有"争地",有"交地",有"衢地",有"重地",有"氾地",有"围地",有"死地"。诸侯自战其地,为"散地"。①入人之地而不深者,为"轻地"。②我得则利,彼得亦利者,为"争地"。我可以往,彼可以来者,为"交地"。诸侯之地三属,③先至而得天下之众者,为"衢地"。入人之地深,背城邑多者,为"重地"。山林、险阻、沮泽,凡难行之道者,为"氾地"。所由入者隘,所从归者迂,彼寡可以击吾之众者,为"围地"。疾战则存,不疾战则亡者,为"死地"。是故"散地"则无战,"轻地"则无止,④"争地"则无攻,"交地"则无绝,"衢地"则合交,"重地"则掠,"氾地"则行,"围地"则谋,"死地"则战。

【注释】① 散地,战争发生在诸侯本土,因战场离家近,士卒容易逃亡、溃散,所以叫做"散地"。 ② 轻地,进入敌境内不深,离本国不远,士卒仍容易逃散,所以叫做"轻地"。 ③ 三属,三国交界之处。 ④ 无止,不宜停留。

【译文】(八十三) 孙子说:按用兵的规律,〔地区在战略上因位置和条件不同,对作战将发生不同的影响〕可分为"散地"、"轻地"、"争地"、"交地"、"衢地"、"重地"、"氾地"、"围地"、"死地"。诸侯在本国境内作战的地区,叫做"散地"。进入别人国境不深的地区,叫做"轻地"。我军得到有利,敌军得到也有利的地区,叫做"争地"。我军可以往,敌军也可以来的地区,叫做"交地"。处在三国交界的先到就可以结交周围诸侯取得多助的地区,叫做"衢地"。深入敌境,背后有很多敌人城邑的地区,叫做"重地"。山岭、森林、险要、阻塞、水网、湖沼等难于通行的地区,叫做"氾地"。所由进入的途径狭隘,所从退归的道路迂远,敌军用少数兵力就可以攻击我多数兵力的地区,叫做"围地"。迅速奋勇作战就能生存,不迅速奋勇作战就只有死亡的地区,叫做"死地"。因此在"散地"上,不宜作战;在"轻地"上,不宜停留;遇"争地"〔应先夺占要点〕,不要〔等待敌人占领后再去〕进攻;逢"交地",应部署相连,勿失联络;到"衢地",则应加强外交活动,结交诸侯;深入"重地",就要掠取粮秣;遇到"氾地",就要迅速通过;陷入"围地",就要运谋设计;到了"死地",就要奋勇作战,死里求生。

【试笺】九地是从战略上对不同的地区进行分析,属于我们现在所说的"兵要地理"的萌芽。上文《九变篇》中(五十九)讲了五种地区的特殊措施,本篇本段(八十三)提出"九地"的名称和简单的解说;下文(九十)又论述了"九地"上的行动方针。这些都可看作孙子的地形观。他不仅看到了不同地形对军事战略的重要作用,而且指出"夫地形者,兵之助也",说明地形只是用兵的辅助条件,可见他不迷信天灾,也不单靠地利。

(八十四) 所谓古之善用兵者,能使敌人前后不相及,①众寡不相恃,贵贱不相救,②上下不相收,③卒离而不集,兵合而不齐。合于利而动,不合于利而止。敢问:"敌众整而将来,待之若何?"曰:"先夺其所爱,④则听矣。"

【注释】① 相及,相策应。 ② 贵贱,指将官和兵卒。 ③ 收,收容。 ④ 爱,指敌军所依赖的有利条件。

【译文】(八十四) 古来善于指挥作战的人,能使敌人前后部队不能相策应,主力和小部队不能相依靠,官兵不能相救应,上下不能相收容,兵卒离散集合不拢,队伍集合而不齐整。能造成有利于我的局面就打(就行动),不能造成有利于我的局面就停止。请问:"假使敌军众多,而严整地向我前进,该怎样对付它呢?"回答说:"先夺取敌人所心爱的有利条件,就能使它〔陷入被动而〕听从我们〔调动〕了。"

(八十五) 兵之情主速,乘人之不及,由不虞之道,①攻其所不戒也。

【注释】① 不虞,即意料不到。

【译文】(八十五) 用兵的意旨就是要迅速,乘敌人措手不及的时机,走敌人意料不到的道路,攻击敌人没有戒备的地方。

(八十六) 凡为客之道:深入则专,主人不克;掠于饶野,三军足食;谨养而勿劳,并气积力,运兵计谋,为不可测。投之无所往,死且不北,死焉不得,士人尽力。兵士甚陷则不惧,无所往则固,深入则拘,不得已则斗。是故其兵不修而戒,①不求而得,不约而亲,不令而信。禁祥去疑,②至死无所之。吾士无余财,非恶货也;③无余命,非恶寿也。令发之日,士卒坐者涕沾襟,④卧者涕交颐。⑤投之无所往者,诸、刿之勇也。⑥

【注释】① 修,做戒。　② 禁祥,即禁止迷信(卜卦、看相、算命等)。去疑,即消除部属的疑虑。　③ 恶货,不爱财物。　④ 涕,泪水。⑤ 颐,下巴。　⑥ 诸,专诸。春秋末吴国堂邑(今江苏六合北)人。公元前五一五年,受伍子胥收买,在吴公子光(即阖闾)特设的宴会上进菜时,从鱼腹中取出暗藏的小剑刺杀吴王僚。他拔出剑时,吴王僚的卫士的长矛已从他背上刺进,但他仍然奋勇把吴王僚刺死,公子光的卫兵又把吴王僚的卫兵全部消灭,完成了一次宫廷政变。刿(guì 贵),曹刿,即曹沫。春秋时鲁国武士。鲁庄公十年(公元前六八四年),齐攻鲁,他求见庄公,随庄公战于长勺,待齐军一鼓作气,再而衰,三而竭时,叫庄公击鼓进攻,结果取胜。相传齐君与鲁君在柯(今山东东阿)相会,他持剑相从,挟持齐君订立盟约,收回失地。举这两人名字为勇者的典范。此句意思是,把部队置于除非拼命前进杀敌别无他路可走的境地,士卒们就会有像专诸和曹刿那样勇敢的了。

【译文】(八十六) 凡是进入敌国作战的规律:深入敌境,则专心一致,使敌方不能抵抗;在丰饶的田野上掠取粮草,使全军得到足够的给养;注意保养士兵的体力,不使过于疲劳,提高士气,集中力量,部署兵力,巧设计谋,使敌人莫测高深。把部队投放在无路可走的地方,就只能拼死而不能败退,既然士卒肯拼死,又哪有不得胜之理,上下也就能尽力而战了。〔要知道〕兵士深陷危险的境地,就不恐惧,无路可走,军心就会巩固,深入敌国,行动就不敢散漫,迫不得已,就只好坚决战斗。因此这种军队不待修整,都懂得戒备,不待鼓励,都愿意出力,不待约束,都能亲密协力,不待申令,都会遵守纪律。禁止迷信,消除部属的疑惑,至死也无处走。我军士兵没有多余的钱财,不是士兵们不爱财物;我军没有贪生胆小的人,不是士兵们都不想长命。当作战命令颁发的时候,士兵们坐着的泪湿衣襟,躺着的泪流满面。〔把他们〕投到除了向前拼命再无别路可走的地方,就会有像专诸和曹刿一样的勇敢了。

(八十七) 故善用兵者,譬如"率然";"率然"者,常山之蛇也。①击其首则尾至,击其尾则首至,击其中则首尾俱至。敢问:"兵可使如'率然'乎"? 曰:"可。"夫吴人与越人相恶也,当其同舟而济,遇风,其相救也,如左右手。是故方马埋轮,②未足恃也;齐勇若一,政之道也;刚柔皆得,地之理也。故善用兵者,携手若使一人,不得已也。

【注释】① 常山,即恒山。在今河北曲阳西北,为五岳中的北岳。汉避文帝刘恒讳,改称常山。 ② 方马,即拴住马。

【译文】(八十七) 善于用兵的人,能使部队像"率然";"率然"是常山地方的蛇名。打它的头,尾就来救应,打它的尾,头就来救应,打它的腰,头尾都来救应。请问:"可以使军队像'率然'

一样吗?"回答说:"可以。"吴国人和越国人是相互仇恨的,但当他们同舟渡河遇到大风时,他们互相救援就像一个人的左右手。因此缚住马匹,埋了车轮,企图防止兵卒的逃亡,也是靠不住的;要使部队一齐奋勇作战,在于将帅领导得法;要使强弱都能发挥作用,在于地形利用的适宜。所以善于用兵的人,能使全军手牵手地像一个人一样,这是因为使它不得不这样啊!

(八十八) 将军之事:静以幽,正以治。能愚士卒之耳目,使之无知。^①易其事,革其谋,^②使人无识;易其居,迂其途,使人不得虑。帅与之期,如登高而去其梯;帅与之深入诸侯之地,而发其机,焚舟破釜;^③若驱群羊,驱而往,驱而来,莫知所之。聚三军之众,投之于险,此谓将军之事也。九地之变,屈伸之利,人情之理,不可不察。

【注释】① 作战意图,未行动前不让士卒们知道,这是为了保守军事机密,使他们对将要进行的军事行动事先毫无所知。这种保密工作古今中外都一样,决不能作欺骗士兵解释。 ② 革,更新。 ③ 釜,古炊器。

【译文】(八十八) 将军的处事:镇静以求深思,严正而有条理。能蒙蔽士兵的耳目,使他们〔对于军事行动〕毫无所知。战法经常变化,计谋不断更新,使人们无法识破机关;驻军常换地方,进军多绕迂路,使人们推测不出意图。主帅授给军队任务,要像登高而抽去梯子一样〔使他们能进而不能退〕;率领军队深入诸侯国境,要像拨弩机而射出箭矢一般〔使他们可往而不可返〕。烧掉渡船,打破饭锅,像赶羊群,赶过去,赶过来〔让大家只知道跟着走〕,不知道要到哪里去。聚集全军兵卒,投放在危险的境地〔使他们不能不拼命作战〕,这就是将军的责任! 进到各种不同地区的机变,能屈能伸地利用情况的发展,对各种人员心理的掌握,这些都是将帅不能不研究的。

【试笺】此段言简意深,文字优美,实堪三读。"使人无识"和"若驱群羊"则是剥削阶级军事家难除的糟粕。

（八十九）凡为客之道：深则专,浅则散。去国越境而师者,"绝地"也；四达者,"衢地"也；入深者,"重地"也；入浅者,"轻地"也；背固前隘者,"围地"也；无所往者,"死地"也。①

【注释】① 本段提出五种地区的略说,除"绝地"见于《九变篇》五十九段外,其余均在八十三段和九十段论述之内,不过说法文字略有不同。

【译文】(八十九) 进入敌国作战的规律是：进入得深,兵卒就专心一致,进入得浅,就容易逃散。离开本国越境出兵的,就是进入了"绝地"；四通八达的叫做"衢地"；进入深的,叫做"重地"；进入浅的,叫做"轻地"；背后有坚固的城堡而前面进路狭隘的,叫做"围地"；无处可走的,叫做"死地"。

（九十）是故"散地",吾将一其志；"轻地",吾将使之属；"争地",吾将趋其后；"交地",吾将谨其守；"衢地",吾将固其结；"重地",吾将继其食；"氾地",吾将进其涂；"围地",吾将塞其阙；"死地",吾将示之以不活。

【译文】(九十) 因此,在"散地"上,就要使军队专心一致；在"轻地"上,就要部署连续；遇"争地",就要急进,抄到敌军的后面；逢"交地",就要谨慎防守；到"衢地",就要巩固和邻国的结交；入"重地",就要补充军粮；经"氾地",就要迅速通过；陷入"围地",就要堵塞缺口;到了"死地",就要表示拼死战斗的决心。

(九十一) 故兵之情:围则御,不得已则斗,过则从。①

【注释】① 曹操注:"陷之过甚,则从计也。"

【译文】(九十一) 兵卒的心理,被包围就会抵抗,迫不得已就会战斗,陷于十分危险的境地就会听从指挥。

(九十二) 是故不知诸侯之谋者,不能预交;不知山林、险阻、沮泽之形者,不能行军;不用乡导者,不能得地利。①四五者,不知一,非霸、王之兵也。夫霸、王之兵,伐大国,则其众不得聚;威加于敌,则其交不得合。是故不争天下之交,不养天下之权,信己之私,②威加于敌,故其城可拔,其国可隳。③施无法之赏,悬无政之令,犯三军之众,④若使一人。犯之以事,勿告以言;犯之以利,勿告以害。

【注释】① 本段前六短句和五十一段相同,或认为错简。按曹操注则是有意重复言之。 ② 信,通"伸"。 ③ 国,诸侯的国都,亦可作国家解。隳(huī灰),同"毁",毁坏,毁灭。 ④ 犯,约束,控制。

【译文】(九十二) 不了解诸侯国计谋的,就不能预定外交方针;不熟悉山岭、森林、险要、阻塞、水网、湖沼等地理形势的,就不能行军;不重用向导的,就不能得地利。这几方面,有一方面不了解,都不能成为霸、王的军队。凡是霸、王的军队,进攻大国就能使敌方的民众和军队来不及动员集中;威力加在敌人头上,就能使它不能同别国结交。因此不必要争着同哪一国结交,不必要随便培养哪一国的势力,只要伸展自己的意图,把威力加在敌人头上,就可以拔取敌人的城池,毁灭敌人的国都。施行超越法定的奖赏,颁布打破常规的号令,驱使全军兵众就像指使一个人一般。叫他们去执行任务,不必说明为什么;叫他们去夺利,不告诉他们有危险。

（九十三）投之亡地然后存,陷之死地然后生。夫众陷于害,然后能为胜败。①

【注释】① 为,操纵。

【译文】（九十三）把军队投放在"亡地"上,然后能保存;把兵卒陷入于"死地",反而能得生。兵众陷入危险的境地,然后才能操纵胜败。

（九十四）故为兵之事,在于顺详敌之意,①并敌一向,千里杀将,此谓巧能成事者也。

【注释】① 顺,谨慎;《易》:"履霜坚冰至,盖言顺也。"《释文》:"顺,本作慎。"详,即审查;《易·大壮》:"不详也。"《释文》:"详,审也。"《诗·鄘风·墙有茨》:"中冓之言,不可详也。"《传》:"详,审也。"

【译文】（九十四）指挥作战的事,在于假装顺从敌人的意图,却集中兵力,朝一个方向进攻,长驱千里,杀其将领,这就是所谓巧妙能成大事呀!

（九十五）是故政举之日,夷关折符,①无通其使;厉于廊庙之上,②以诛其事。③敌人开阖,必亟入之。④先其所爱,微与之期。⑤践墨随敌,以决战事。⑥是故始如处女,敌人开户,后如脱兔,敌不及拒。

【注释】① 夷关,封锁关口。折符,即销毁通行符志。 ② 厉,有严厉、严格、切实、认真等意思。 ③ 诔,治理,阐述。这里指商议决定。④ 曹操注:"敌有间隙,当亟入之也。" ⑤ 微,少。 ⑥ 践,践履,实践。墨,木工的墨线、绳墨,有规矩和原则的意思。践履绳墨也可以作实施作战计划解释。按此句上文为"厉于廊庙之上……"下文为"后如脱兔……"因此,这中间似应指实现作战计划的原则,即:情况不变时,或只有细小变化时要坚持按计划行动;情况变化较大时,要根据情况变化而相应地修改计划;情况发生根本变化时,才依据情况改变作战决心。曹操注:"行践规矩,无常也。"在十家注中,"践墨随敌"别有解释。践,古通"戋"。"践墨随敌",即划除绳墨,也就是摆脱规矩和军事学上原则的规定,随着敌情的变化而随机应变。这两种解释:一说"践履绳墨",一说"划除绳墨",其对"……随敌,以决战事"的基本思想,则是一致的。

【译文】(九十五)当决定战争行动的时候,就要封锁关口,销毁通行符证,不许敌国使者往来;在宗庙里秘密地、认真地谋划这件大事。敌人一有空隙,就要迅速乘机而入。先夺取敌人的要地,不要同敌方约期会战。实施作战计划时,要灵活地随着敌情的变化〔作相应的修改〕,来决定军事行动。因此开始像处女〔一般沉静〕,使敌人不注意防备,然后像脱兔〔一样突然行动〕,使敌人来不及抵抗。

【试笺】在本篇中《孙子》指出:"兵之情主速,乘人之不及,由不虞之道,攻其所不戒也。"这是野战中乘虚袭敌的原则。"并气积力,运兵计谋"也有普遍规律的因素。八十八段"将军之事,静以幽,正以治,……易其事,革其谋,使人无识;易其居,迂其途,使人不得虑。"言简意深,文字优美。但"愚士卒之耳目,……若驱群羊……"则表现剥削阶级的将军照例不敢把为什么打仗告诉士卒,"告之以言,告之以害"的事是不会有的。

火攻篇第十二

【题解】 本篇简单地指出火攻对象、火攻器具、火攻时日及火攻与内应外合。因为在《孙子》成书之前，很少大规模火攻的经验（在中国古代史上有名的火攻都出在三国，一是赤壁之战，二是彝陵之战），所以《孙子》书中也总结不出什么。篇末以"亡国不可以复存，死者不可以复生"，警告明君良将。这是孙子又一慎战的表现。

（九十六）孙子曰：凡火攻有五：一曰火人，^①二曰火积，^②三曰火辎，四曰火库，五曰火队。^③行火必有因，烟火必素具。^④发火有时，^⑤起火有日。时者，天之燥也；日者，月在箕、壁、翼、轸也。^⑥凡此四宿者，风起之日也。

【注释】 ①火，用作动词，烧。 ②积，指敌人储备的器材、粮食、饲料。 ③火队，十家注中有三说：李筌、梅尧臣、张预皆说焚其队仗兵器；杜牧谓"焚其行伍，因乱而击之"；贾林、何氏谓"烧绝粮道及转运也"。或谓"队"字疑为"檖"字之假借，檖者江中大船也。火檖者，谓火敌之船也。队（suì 岁），通"遂"；这里指敌人运输线。一作队仗兵器。檖字之说，可供参考。 ④素具，常备。 ⑤时，天时。 ⑥箕、壁、翼、轸，都是星名。中国古代测天都用二十八宿为方位的标准。据天文学家们的考证，二十八宿的名称是到汉代才逐渐完备的。但在孙子时代有些星宿早已被人们注意和利用了。二十八宿都在赤道附近,被天文学家们用作天空的标志。它们的名称是:角、亢、氏、房、心、尾、箕、斗、牛、女、虚、危、室、壁、奎、娄、胃、昴、毕、觜、参、井、鬼、柳、星、张、翼、轸。古人间接参酌月亮在空中的位置(所以叫"宿"),来推测太阳的位置。由太阳在二十八宿的位置来推知一年的季节。其实这只是在历法方面的事,同气象(风雨)是没有关系或没有直接关系的。不过当时的天文学家都认为月亮行经箕、壁、翼、轸四个星宿时多风。他们说四星好风,月宿在此时必多风。《洪范》载有"星有好风,星有好雨"。西方也有类似的传说,如巴比伦就以"轸"星为风星。

【译文】(九十六)孙子说:火攻有五种:一是火烧营寨,二是火攻储备的粮草,三是火烧辎重,四是火烧仓库,五是火烧粮道。实施火攻必须有条件,火攻器材必须经常准备着。放火要看天时,起火要看日子。天时是指季候的干燥;日子是指月亮行经"箕"、"壁"、"翼"、"轸"四星宿的位置,月亮经过四星宿的日子,就是有风的日子。

(九十七) 凡火攻,必因五火之变而应之。火发于内,则早应之于外。火发而其兵静者,待而勿攻,极其火力,①可从而从之,不可从而止。火可发于外,无待于内,以时发之。火发上风,无攻下风。昼风久,夜风止。凡军必知有五火之变,以数守之。

【注释】① 极,引申为达到顶点,此指加强火势。

【译文】(九十七) 凡用火攻,必须凭借这五种火攻的变化使用并用兵力配合它。从敌人内部放火,就要及时派兵从外部策应。火已烧起而敌军仍然保持安静的,应等待一下,不可马上发起攻击,应加猛火势,如果可以进攻就进攻,不可进攻就停止。

如果从外面放火,就不必等待内应,只要适时放火就行。火在上风放,不可从下风进攻。白天风刮久了,夜晚就容易停止。军队必须懂得灵活地运用五种火攻的方法,并根据观察有起风的征候时使用它。

(九十八) 故以火佐攻者明,以水佐攻者强。水可以绝,不可以夺。①

【注释】① 曹操注:"火佐者,取胜明也。水佐者,但可以绝敌道,分敌军,不可以夺敌蓄积。"

【译文】(九十八) 用火辅助进攻的,明显地容易取胜;用水辅助进攻的,攻势可以加强。水可以断绝敌军,但不能夺取积蓄。

(九十九) 夫战胜攻取,而不修其功者凶,①命曰"费留"。②故曰:明主虑之,良将修之。非利不动,非得不用,非危不战。主不可以怒而兴师,将不可以愠而致战;合于利而动,不合于利而止。怒可以复喜,愠可以复悦;亡国不可以复存,死者不可以复生。故明君慎之,良将警之;此安国全军之道也。

【注释】① 不修其功,不去整治胜利果实。 ② 费留,这句真意,十家注多未明言。李筌注:"赏不逾日,罚不逾时……"从字面看,战胜攻取而不修其功,似有枉自耗费国家的兵力、财力、使军队久留在外之意。近阅《〈孙子〉字义探微八则》(下略作《探微》)谓:"'费留'乃费财留工、烦人留日等古语的简称或缩写……孙子所谓'费留'者,乃'费旷'之谓也。"可供参考。

【译文】(九十九) 凡打了胜仗,夺取了土地城邑,而不能整治的会遭殃,这叫做"费留"。所以说:明智的国君要慎重地考虑这件事,良好的将帅要认真地研究这件事。不是有利不行动,不是能胜不用兵,不是危迫不作战。国君不可因愤怒而发动战争,将帅不可因气忿而出阵求战。对国家有利才行动,对国家不利就停止。愤怒可以恢复到喜欢,气忿可以恢复到高兴;国亡了就不能复存,人死了就不能再生。所以明智的国君〔对此〕要慎重,良好的将帅〔对此〕要警惕;这是安定国家和保全军队的关键!

用间篇第十三

【题解】本篇首先着重论述了解敌人内部情况之重要,但因当时间谍才开始出现,尚欠经验教训。所以只能提出用间的重要性和五种间谍的名称,保密的纪律,间谍的任务和使用反间之重要。最后谈殷之用伊尹,周之用吕尚为例,其实两人都不过是普通的老百姓,不担任任何官职,因而也不了解统治阶级内部的情况,是不恰当的举例。

(一○○)孙子曰:凡兴师十万,出征千里,百姓之费,公家之奉,日费千金。内外骚动,怠于道路,不得操事者,七十万家。①相守数年,以争一日之胜,而爱爵禄百金,不知敌之情者,不仁之至也,非人之将也,非主之佐也,非胜之主也。故明君贤将,所以动而胜人,成功出于众者,先知也。先知者不可取于鬼神,不可象于事,不可验于度,②必取于人,知敌之情者也。

【注释】① 曹操注:"古者八家为邻,一家从军,七家奉之。言十万之师举,不事耕稼者七十万家。" ② 度,天象星宿运转之"度"。

【译文】(一○○)孙子说:凡是兴兵十万,出征千里,"百姓"

的耗费,"公室"的开支,每天要花费"千金";全国内外动乱不安,〔运输军需物资的队伍〕疲惫于道路上,因而不能耕作的将有七十万家。这样相持几年,只为了争一朝胜利,如果吝惜爵禄和金钱〔不重用间谍〕,以致不能了解敌情〔而致失败〕,那就是最不仁慈的人,就不是良好的将领,就不是国君的辅佐,就不是胜利的主帅。开明的国君、贤良的将帅,其所以动辄战胜敌人,成功地超出众人者,就在于事先了解情况。要事先了解情况,不可用祈求鬼神去获取,不可用相似的事情做类比推测〔吉凶〕,不可用夜视星辰运行的度数去验证,一定要从知道敌人情况的人口中去取得。

（一〇一）故用间有五:有因间、有内间、有反间、有死间、有生间。五间俱起,莫知其道,是谓神纪,①人君之宝也。因间者,因其乡人而用之。②内间者,因其官人而用之。③反间者,因其敌间而用之。死间者,④为诳事于外,令吾间知之,而传于敌间也。生间者,反报也。

【注释】① 神纪,神妙的道理。 ② 乡人,春秋战国时的地方官乡大夫的略称。齐称"乡良人";宋称"乡正"。据《周礼·乡大夫》载,乡大夫是在"司徒"与"乡吏"之间。 ③ 官人,官吏。 ④ 死间,传递假情报使敌人信以为真而上当,敌人事后发现受欺骗而处死的间谍,叫作死间。

【译文】（一〇一）使用间谍有五种:有"因间"、"内间"、"反间"、"死间"、"生间"。五种间谍同时都使用起来,使敌人莫测高深,这是神妙的道理,是国君的法宝。所谓"因间",是诱使敌方乡人而利用他。所谓"内间",是诱使敌方官吏而利用他。所谓"反间",是诱使敌方间谍为我所用。所谓"死间",是先散布假情况,使我方间谍知道,然后传给敌方〔敌军受骗,我间不免被处死〕。所谓"生间",就是能活着回报敌情的。

(一〇二) 故三军之事,莫亲于间,赏莫厚于间,事莫密于间。非圣智不能用间,非仁义不能使间,非微妙不能得间之实。微哉! 微哉! 无所不用间也。间事未发,而先闻者,间与所告者皆死。

【译文】(一〇二) 所以在军队人事中,没有比间谍更亲信的,奖赏没有比间谍更优厚的,事情没有比间谍更秘密的。不是高明智慧,不能利用间谍;不是仁慈慷慨,不能指使间谍;不是用心微妙,不能取得间谍的真实情报。微妙呀! 微妙呀! 无所不可以用间谍啊! 间谍的工作尚未进行,先已传泄在外,那么间谍和听到〔秘密〕的人都要处死。

(一〇三) 凡军之所欲击,城之所欲攻,人之所欲杀,必先知其守将、左右、谒者、门者、舍人之姓名,令吾间必索知之。

【译文】(一〇三) 凡对要打的敌方军队,要攻的敌方城堡,要杀的敌方官员,必须先打听那些守城将官、左右亲信、掌管传达通报的官员、守门官吏和宫中近侍官员等的姓名,使我们的间谍一定要侦察清楚。

(一〇四) 必索敌人之间来间我者,①因而利之,导而舍之,故反间可得而用也。因是而知之,故乡间、内间可

得而使也;因是而知之,故死间为诳事可使告敌;因是而
知之,故生间可使如期。五间之事,主必知之,知之必在
于反间,故反间不可不厚也。

【注释】① 索,搜索。

【译文】(一○四) 必须搜索出前来侦察我军的敌方间谍,要
用重金收买,优礼款待,诱导安置,使为我用,这样"反间"就可以
为我所用了。由此而了解情况,这样"乡间"、"内间"就可以为我
所用了;由此而了解情况,这样就能使"死间"传假情报给敌人;
由此而了解情况,这样就可使"生间"按预定时间回报敌情。五
种间谍的使用主持者都必须懂得。了解情况最主要的在于"反
间",所以对"反间"是不可不厚待的。

(一○五) 昔殷之兴也,伊挚在夏;^①周之兴也,吕牙
在殷。^②故惟明君贤将能以上智为间者,必成大功。此兵
之要,三军之所恃而动也。

【注释】① 伊挚,即伊尹,传说奴隶出身,了解夏朝的情况。商汤用他
为相,打败了夏桀。史载伊尹耕于有莘之野,他所了解的不过是夏的一般
人民知道的情况,古代也并无间谍的专门训练。据说伊尹相商汤,贤而王
天下。   ② 吕牙,即吕尚,又叫姜尚,姜姓,吕氏,名望,字子牙,钓于渭水
之滨,也不过一般地了解殷商的情况。周文王以他为"师",后来辅助武王
灭商,封于齐。

【译文】(一○五) 从前商朝的兴起,伊尹曾经在夏;周朝的
兴起,姜尚曾经在殷。所以明智的国君,贤能的将帅,能用高级
的有智慧的人做间谍的,一定能建树大功。这是用兵重要的一
着,整个军队是要依靠它来决定行动的呀!

【试笺】用间的战例见于春秋之前者似不多(秦师袭郑,被郑商人偶然遇见,致秦师三帅被俘,这事实不能为典型用间之例)。赵奢率军御秦,出师三十里,停止不进,待秦"间"来,宴而送之。"间"既往,赵奢率军急进,秦军误信"间"之言无备,被赵奢打得大败。这是最早最明显的用间的例子。用间在孙武之前既不多,所以《孙子》书中讲得就少了。孙子对当时才出现的新生事物是很敏感的,书中指出间的作用提出五间俱起,五间的相互作用,并提出无所不用间的预言,对春秋战国以后推动用间于战争是起了先导作用的。现代各国间谍之多,正像孙子预言的"无所不用间"了,而窃取情报的工具方法则多到数不清,而有些人对此不甚了解,孙子对不了解敌情的人的批评,对一些人是个最好的忠告。

附录

《史记·孙子列传》

孙子武者,齐人也。以兵法见于吴王阖庐。阖庐曰:"子之十三篇,吾尽观之矣,可以小试勒兵乎?"对曰:"可。"阖庐曰:"可试以妇人乎?"曰:"可。"于是许之,出宫中美女,得百八十人。孙子分为二队,以王之宠姬二人各为队长,皆令持戟。令之曰:"汝知而心与左右手背乎?"妇人曰:"知之。"孙子曰:"前,则视心。左,视左手。右,视右手。后,即视背。"妇人曰:"诺。"约束既布,乃设铁钺,即三令五申之。于是鼓之右,妇人大笑。孙子曰:"约束不明,申令不熟,将之罪也。"复三令五申而鼓之左,妇人复大笑。孙子曰:"约束不明,申令不熟,将之罪也。既已明而不如法者,吏士之罪也。"乃欲斩左右队长。吴王从台上观,见且斩爱姬,大骇。趣使使下令曰:"寡人已知将军能用兵矣。寡人非此二姬,食不甘味,愿勿斩也。"孙子曰:"臣既已受命为将,将在军,君命有所不受。"遂斩队长二人以徇。用其次为队长,于是复鼓之。妇人左右前后跪起皆中规矩绳墨,无敢出声。于是孙子使使报王曰:

"兵既整齐,王可试下观之,唯王所欲用之,虽赴水火犹可也。"吴王曰:"将军罢休就舍,寡人不愿下观。"孙子曰:"王徒好其言,不能用其实。"于是阖庐知孙子能用兵,卒以为将。西破强楚,入郢,北威齐、晋,显名诸侯,孙子与有力焉。

《孙子译注·前言》

　　中华民族最早在自己的广大土地上过着原始共产社会的生活。那时并没有战争,但生活水平很低。人类社会的发展,有它自己的客观规律,不以人们的意志为转移。私有财产、私有观念引起了部落间的相互掠夺,由集群格斗而发展到由小到大的部落间的战争(虽然初期还没有现在意义的战争)。随着奴隶制的发展,到春秋战国时期,在人口稠密地区战争不断发生,有战争的社会代替了无战争的社会。

　　战争是社会历史的特殊现象。战争是阶级社会中的政治以特殊的即暴力手段的继续。春秋战国时期的战争,受当时社会经济的限制制约其规模和持续时间。

　　人们从当时战争的实践中逐步认识战争,由局部、具体的战争实际中,综合各方经验提高到理性的认识。战国初"将"、"相"的分工,促使军事家和军事理论家的成长,而这也适应各大奴隶主相互吞并斗争的需要。于是有若干军事理论家想方设法搜集并整理各地方的战斗纪实和某些军事名言(实即战争理论的片断)。这些军事经验和战略片断的综合在当时是必然的,它有利于推动社会前进。孙武是当时杰出的军事家,这些军事经验和战略片断的综合以孙武命名是合理的,也是偶然性的事。

《孙子》问世后,为古今中外军事家们所重视。①曹操最先注释《孙子》。后来注家蜂起,便有许多文意不尽相同的版本传世。《孙子》在国外的流传,以日本为最早,十八世纪后有法、英、德、俄、捷等文译本,可惜都译得不好。拙著《孙子译注》(原名《孙子今译》)亦是一初步的整理。由于我所阅材料偏少,古文知识不够,遗漏错误之处在所难免,希望读者不吝赐教。

(一)

孙武字长卿(生卒年月不详,约和孔子同时),春秋末期人,陈国公子完的后裔。公元前六七二年,陈完因内乱逃奔齐国,受到齐桓公的器重,用他为"工正",②陈完后改称田完。齐国封建生产关系发生较早,到齐景公时,田氏家族已采用封建剥削方式,同公室争夺劳动人手,民众"归之如流水",③成为当时齐国新兴封建势力的重要力量。据《新唐书》和《古今姓氏书辨证》记载,田完的后代,孙武的祖先田书,因"伐莒有功,景公赐姓孙氏,食采于乐安(今山东惠民)"。④这样的国度,这样的家族,对孙武军事思想的形成自然要起一定作用的。

后来,孙武从齐国到了吴国。吴王阖闾即位后,利用当时吴国的有利条件,图强争霸。一九七二年临沂汉墓出土的《吴问》残简,记载了孙武和吴王关于晋六卿"孰先亡,孰固成"的问对,孙武认为亩大、税轻者可以"固成",得到吴王的赞许,从中也可以看出他们改革图强思想的一个侧面。公元前五一二年,孙武受到吴王阖闾的重用,同伍员协助吴王经国治军,积极图谋大举攻楚。吴王接受了伍员、孙武的扰楚、疲楚计谋,组织三支部队轮番袭扰楚国,"楚于是乎始病"。⑤经过数年准备,公元前五〇六年,孙武和伍员随同吴王率军攻楚,由水路出发,转陆路,争取了蔡、唐两国,通过它们境内,潜行千余里,迂回到楚国东北部,从侧面袭击,五战五胜,以三万人破楚二十万众,⑥攻入楚国国都郢(今湖北江陵北)。《史记》说:吴国"西破强楚,入郢,北威齐晋,显名诸侯,孙子与有力焉"。⑦

恩格斯说:"新的军事科学是新的社会关系的必然产物。"⑧春秋末至战国初,是由奴隶制开始向封建制过渡的社会大变革时代。由于使用铁制农具和牛耕,推广施肥,兴修水利,提高了农业生产力;手工业、商业也有了相应的发展。随着生产力的发展,奴隶制生产关系已显然成为阻碍社会前进的桎梏。奴隶的反抗、起义和奴隶战争,此伏彼起,从根本上打击和动摇了奴隶主的统治。这是当时推动历史前进的动力。在奴隶革命造成的形势下,代表新的封建制生产关系的新兴地主阶级向奴隶主阶级展开激烈的斗争。同时,战争频繁,战争规模日益扩大。这些就是产生《孙子》的社会历史背景,也就是决定

《孙子》思想的社会存在。《孙子》的作者，顺应历史潮流，用当时比较进步的观点和方法，总结当时和以前的战争经验，继承和发展前人的军事理论，创立了新兴地主阶级的军事学说。它在战略上，提出了许多杰出的命题，在哲学上表露出不少古代朴素的唯物辩证法思想，相当广泛地揭示了一般战争的客观规律，成为古代军事学术史上一颗明珠。它之所以能流传两千余年，受到广泛的重视，决不是偶然的。

(二)

一定的军事思想和军事路线，总是从属于一定阶级的政治思想和政治路线，并成为它的重要组成部分。《孙子》的军事思想是从属于新兴地主阶级的政治思想，并成为它的组成部分。它关于战争问题和军队问题的论述，就反映了地主阶级在新兴时期政治上的需要。

关于战争问题《孙子》一开头就说："兵者，国之大事，死生之地，存亡之道，不可不察也。"（参见原文及译文第一段，以下只注明段的号数。）把战争看作关系军民生死、国家存亡的大事而加以认真研究，并且说："亡国不可以复存，死者不可以复生。故明君慎之，良将警之。"（九十九）又说："无恃其不来，恃吾有以待也；无恃其不攻，恃吾有所不可攻也。"（六十四）主张对敌性邻国可能的进攻，必须做好准备。这些论述，反映了它重视战争、对战争抱慎重态度和要求有备无患的思想。

　　《孙子》着重论述了决定战争胜败的基本因素，提出要"经之以五，校之以计，而索其情：一曰道，二曰天，三曰地，四曰将，五曰法……凡此五者，将莫不闻，知之者胜，不知者不胜"(二)。这五个方面，从前注家们略称为"五事"。《孙子》接着又说："主孰有道？将孰有能？天地孰得？法令孰行？兵众孰强？士卒孰练？赏罚孰明？吾以此知胜负矣。"(二)这七个问题，从前注家把它叫做"七计"。从上面的论述中，我们可以看到，《孙子》把"道"放在"五事"的首位，把"主孰有道"看作"七计"的第一个问题，也就是把"道"作为决定战争胜败的首要因素。那么"道"的含义是什么呢？《孙子》说："道者，令民与上同意者也，可与之死，可与之生，民弗诡也。"(二)⑨这表明《孙子》所说的"道"的实际内容和含义是属于我们今天所说的政治范畴的。也可以说"道"就是政治。这与和他同时代的"老子"的"道"、孔子的"道"有所不同。它又指出："修道而保法，故能为胜败之政。"(二十二)修明政治，确保法制，就能掌握胜败的决定权。这又表明《孙子》的"道"是体现新兴地主阶级意志的政治。把政治作为决定战争胜败的首要因素，虽不明确，但已初步提出战争和政治的关系，这是《孙子》的重要贡献。当然，《孙子》的"道"，其目的是要"民"——农奴、奴隶和平民，服从新兴地主阶级的利益，去为扩大地主阶级势力拼死作战而不敢违抗。

　　《孙子》除了把"道"作为决定战争胜败的首要因素

外,还比较全面地论述了其他基本因素,对天、地、将、法分别作了阐述,认为要取得战争胜利,还需要有一定的物质力量(包括军事力量),有利的天时、地利等客观条件,平时严明的管理和训练,战时正确的军事指挥等。这些也是《孙子》对战争问题的可贵见解。

关于军队问题 《孙子》关于军队问题的思想,反映了新兴地主阶级根据当时新的土地关系而企图革新军制的需要。它关于军队问题的思想主要表现在对将帅和对治军两方面的论述中,提出了不少新的主张。

《孙子》很重视和强调将的地位和作用,把具备"智、信、仁、勇、严"(二)五个条件的将,看作是决定战争胜败的"五事"之一,把"将孰有能"(二)列入"七计"之中。《孙子》对春秋末至战国初新兴的专职的将提出许多要求,主要是:要"知彼知己"、"知天知地"(八十二),了解各方面的情况;要有"知诸侯之谋"(五十一)的政治头脑;要有勇有谋,要有能"示形"、"任势"(三十二)、"料敌制胜"(七十九)、"通于九变"(六十一)的指挥才能;要有"合于利而动,不合于利而止"(八十四)的决断能力;要有"进不求名,退不避罪"(八十)的负责精神;对士卒管教要严格,赏罚要严明;要能"令素行以教其民"(七十六),要能"与众相得"(六十七),使士卒"亲附"等等。《孙子》认为,只有这样的将帅,才是"国之辅也"(一十七)、"国之宝也"(八十)。当然《孙子》这里说的"智、信、仁、勇、严"(二),也是新兴地主阶级选将的标准和要求。

《孙子》关于治军的论述，概括地说，就是用文武兼施、刑赏并重的原则治理军队。《孙子》在战争中"令民与上同意"（二）的要求，反映在治军中就是"上下同欲"（十九）。它说"令之以文，齐之以武，是谓必取"（七十六）。这"文"，就是怀柔和重赏，使士卒亲附；这"武"，就是强迫和严刑，使士卒畏服。《孙子》提出"视卒若爱子"（八十一），目的是要使他们去拼死作战；对俘虏提出"卒善而养之"（十一），目的是为了战胜敌人而更加壮大自己。《孙子》的这些治军原则和方法，是当时社会上地主阶级同农奴、奴隶及其他贫苦劳动者的阶级关系在治军思想上的反映。这同奴隶主阶级军队中将帅对士卒极端野蛮、残酷的统治相比，有一定的进步性。但是在军队内部存在着剥削和被剥削阶级对立的条件下，所谓"爱卒"、"善俘"，实际上是不可能做到或不可能完全做到的。

（三）

毛泽东同志说："中国古代大军事学家孙武子书上'知彼知己，百战不殆'这句话，是包括学习和使用两个阶段而说的，包括从认识客观实际中的发展规律，并按照这些规律去决定自己行动克服当前敌人而说的；我们不要看轻这句话。"[⑩]这就给我们指出《孙子》中最主要的精华，并进一步发展阐扬这句话的含义，给我们作了一个批判吸收古代历史遗产和"古为今用"的示范。

《孙子》把"知彼知己"（二十）看作是正确指导战争的

先决条件。《孙子》认为,战争指导者,对决定战争胜败的"五事"、"七计"要熟知深究,要估计、比较敌对双方的优劣条件,这样才能在战前从客观物质基础上判明谁胜谁败,才能制订正确的作战方针。《孙子》在论"用间"中,主张不要吝惜"爵禄百金"(一○○)以取得敌军情报,指出"此兵之要,三军之所恃而动也"(一○五),把了解敌军内情看作是决定整个军队行动的一个重要依据。

《孙子》把"知彼知己"贯穿于战争指导的全过程。在战前,它十分重视"庙算"(六)的作用,指出"多算胜,少算不胜"(六)。在作战中,《孙子》要求从进军开始就注意观察各种征候,到同敌人接触就更注意观察,并根据各种征候对敌情作出正确的判断。《孙子》把敌情判断叫做"相敌"(六十六),并举出三十二例,如:"敌近而静者,恃其险也;远而挑战者,欲人之进也"(七十一)、"辞卑而益备者,进也;辞强而进驱者,退也"、"无约而请和者,谋也"(七十三),告诉人们要从敌人的行动中区别真象和假象,不要被假象所迷惑,而要从现象深处发现敌人真实的意图。我们知道,战争经常处在纷乱、复杂、多变的情况中,加上敌人的伪装和佯动,比其他事情更带不确实性,因此,通过这样的情况(现象),去分析探求敌人行动的意图(本质),就更加困难而又更加需要了。所谓"相敌"就是我们今天所说的情况判断。情况是复杂多变的,因此要从搜集到尽可能多的情况中,加以"去粗取精、去伪存真、由此及彼、由表及里"的思索,才能通过情况判断而探索敌人行动的企图。这在思维上说是对任何问题都要通过现象去认识本质，并通过初步的本质到更深的本质。《孙子》的敌情判断，虽是古老而简单的，但提出了指导战争的一个非常重要的问题，并且也给当时将帅指出了从复杂的现象中去探索敌人真实企图的方法。

为了判明情况，它还要求"策之而知得失之计，作之而知动静之理，形之而知死生之地，角之而知有余不足之处"（四十四）。就是说要用心筹算，以求了解计策的得失利害；激动敌军，以求了解敌人的动静规律；侦察地形，以求了解哪里有利哪里不利；较量力量，以求了解哪方面优势哪方面劣势。总之，《孙子》要求在进军、接敌、对峙、交战等战争全过程中，都要查明和判断敌情。

《孙子》还多处论述了"知彼知己"与战争胜败的关系。它说："知胜有五：知可以战与不可以战者胜，识众寡之用者胜，上下同欲者胜，以虞待不虞者胜，将能而君不御者胜。此五者，知胜之道也。"（十九）又说："知吾卒之可以击，而不知敌之不可击，胜之半也；知敌之可击，而不知吾卒之不可以击，胜之半也；知敌之可击，知吾卒之可以击，而不知地形之不可以战，胜之半也。"（八十二）还提出"将有五危"（六十五）、"兵有六败"（七十八）。这些论述，可以理解为战争指导者应该了解的彼己双方的情况，了解全面和指导正确的就胜利，否则就不能胜利。所以它说："知彼知己，百战不殆……不知彼，不知己，每战必殆。"（二十）

《孙子》中关于战略原则,包括作战方针、作战形式、作战指导等,也都是以"知彼知己,百战不殆"这一思想为基础的。

在作战方针上,《孙子》主张进攻速胜,强调"兵贵胜,不贵久"(十二),认为"兵久而国利者,未之有也"(七)。这反映了地主阶级在上升时期政治上要求发展的需要和当时经济、军队组织等条件的限制。但是,作为一般战争的规律,偏重于讲进攻速胜,不重视防御和持久,是带有片面性的。为了达到进攻速胜的目的,在具体作战上,《孙子》主张要充分准备,"先胜而后求战"(二十二)。要"并气积力"(八十六)、"并敌一向"(九十四)。这些都是要求要有充分的准备,要集中兵力。《孙子》对进攻行动要求突然性,要"攻其无备,出其不意"(五);要"避实击虚"、"进而不可御者,冲其虚也"(三十八);这些突然性都带避实击虚的奇袭和机动作战思想,要"避其锐气,击其惰归"(五十七)。所谓"虚",是指敌人的弱点。《孙子》的进攻作战,主张速决。它说"兵之情主速,乘人之不及"(八十五),要求军队的行动要"其疾如风"(五十三)。它注重造势,造成有利的进攻态势,说:"激水之疾,至于漂石者,势也……善战者,其势险,其节短。"(二十八)要造成像湍急的水奔流倾泻,以至凶猛地冲走石头那样一种不可阻挡的气势。然而在被欺侮的国家被侵略时,战略的持久防御却是非常重要的战略方针。

在作战形式上,《孙子》主张在野外机动作战。它把

"伐兵"(十五)放在"攻城"(十五)之前,把"攻城"看作下策,以为"攻城之法为不得已"(十五)。这反映当时进攻兵器还缺乏摧毁城堡的能力,攻城所费代价过大,每每导致旷日持久,不利于速胜。所以《孙子》主张"拔人之城而非攻也"(十五)(似指奇袭和久困)。"伐兵",就是进攻敌人的军队,照现代的军事术语说,就是以军队为作战目标(不以城堡或要塞为作战目标)。进攻敌人的军队,也有不同的打法。当时,呆笨的车战已逐步让位给徒步作战,而《孙子》主张的"勿击堂堂之阵"(五十七),正是新兴地主阶级寻求新的作战方式的表现。《孙子》认为野外机动作战是达到进攻速胜的有利的作战方式。要在野外机动作战中消灭敌人,重要的问题就是要善于调动敌人,这种调动敌人的办法,《孙子》称之为"动敌"。它说:"善动敌者,形之,敌必从之;予之,敌必取之;以利动之,以卒待之。"(三十一)就是说,要善于用佯动迷惑敌人,用小利引诱敌人,使敌人听从调动,用重兵来等待掩击它。对于固守高垒深沟的敌人,则采取"攻其所必救"(三十八)的战法,调动敌人出来消灭它。《孙子》要求"出其所不趋,趋其所不意"(三十五),就是进军向敌人不及救援的地方,急进向敌人意料不到的方向。"由不虞之道,攻其所不戒"(八十五),这样就能"进而不可御"(三十八)了。

在作战指导上,《孙子》强调"善战者,致人而不致于人"(三十三)。这就含有争取主动、避免被动的意思。为达此目的,就要察明敌人的情况和行动规律,而不让敌人了解自己的情况和规律，即所谓"形人而我无形"（三十九），这样就"深间不能窥，智者不能谋"（四十五）了。《孙子》还提出，要"先为不可胜，以待敌之可胜"（二十一），就是先要消灭自己的弱点，立于不败之地，以寻求消灭敌人的机会。而在待机中，就要"以治待乱，以静待哗……以佚（逸）待劳，以饱待饥"（五十七）。《孙子》还强调"我专而敌分"（三十九），就是要设法使自己兵力集中而迫使敌人兵力分散，这样就有争取主动的力量，能够造成"以十攻一……以众击寡"（三十九）的有利态势。《孙子》提出了造成敌人过失，使敌人陷于被动地位的办法，如"示形"，即"能而示之不能，用而示之不用，近而示之远，远而示之近"（五）。毛泽东同志说过："……我们可以人工地造成敌军的过失，例如孙子所谓'示形'之类（示形于东而击于西，即所谓声东击西）。"①又如用"卑而骄之"、"怒而挠之"、"佚而劳之"、"亲而离之"（五）等办法，都能造成敌人的错觉和不意，使敌人发生弱点，陷于被动。同时自己则保持主动，使自己的进攻像"转圆石于千仞之山"（三十二）那样锐不可当，能所向无敌，即所谓"兵之所加，如以碫（石）投卵"（二十六）一般。

在作战指导上，《孙子》还强调"兵因敌而制胜"（四十七），这里含有灵活机动的意思。它指出，双方作战，通常是用"正"（二十七）兵当敌，用"奇"（二十七）兵取胜。这种"奇正之变"（二十七），是"不可胜穷"（二十七）的。部署作战要巧设计谋，"为不可测"（八十六），这样就可"巧能成事"(九十四)。它说:"易其事,革其谋,使人无识;易其居,迁其途,使人不得虑。"(八十八)要求战法经常变化,计谋不断更新,使敌人无法识破机关;驻军常换地方,进军多绕迂路,使敌人推测不出意图。《孙子》主张"践墨随敌,以决战事"(九十五),即不可千篇一律地对待各种不同的战争情况。对不同的敌人要采取不同的对策:对贪利的敌人,则"利而诱之"(五);对骄傲的敌人,则卑词示弱,使它麻痹松懈。敌对双方兵力对比不同,作战方法也有所不同:"守则不足,攻则有余"(二十一),即兵力劣势,采取防御;兵力优势,采取进攻。优势的程度不同,打法也不一样:"十则围之,五则攻之,倍则分之……"(十六)⑫它还提出对不同的战区(所谓"九地")要采取不同的行动方针。对不同的地形(所谓"六形")要采取不同的作战措施。对特殊情况,则要求作特殊的机断处置:"涂有所不由,军有所不击,城有所不攻,地有所不争……"(六十)它把作战方式因敌情而变化,比成水形因地形而变化,所谓"兵无常势,水无常形,能因敌变化而取胜者,谓之神"(四十七)。

(四)

在阶级社会中,唯物论和唯心论都是作为阶级斗争的工具而存在、而斗争、而发展的。它们之间的斗争,始终反映着革命阶级同反动阶级之间的斗争。春秋战国之际代表新兴地主阶级的思想家们,用朴素唯物论为思想武器,向没落的奴隶主阶级的唯心论进行斗争。在这场激烈的思想和理论的斗争中,孙武站在唯物论一方,在军事领域中独树一帜。

《孙子》中的朴素唯物论观点,首先表现为无神论和反天命的态度。它在论述事先了解情况的重要性和方法时说:"不可取于鬼神,不可象于事,不可验于度,必取于人,知敌之情者也。"(一〇〇)鲜明地指出不可去求神问卜,不可用类似的事情做吉凶的推测,不可用夜观星辰运行的度数去验证,而必须从了解敌人情况者的口中去取得。它在"五事"中也讲到"天",说的是"阴阳、寒暑、时制也"(二),是自然的"天",不是神化的"天"。在当时的思想战线上,以天命论和反天命论为中心的论争中,《孙子》表现了鲜明的无神论和反天命论的态度,在哲学史上作出了贡献。

《孙子》中的朴素唯物论观点也表现在本文前面说过的,它把"五事"、"七计"看作战争胜败的基础。它在论有形的力量《形篇》中又说:"……称生胜。故胜兵若以'镒'(二十四两)称'铢'(二十四分之一两),败兵若以'铢'称'镒'。"(二十四)也是把敌对双方力量的轻重对比不同,看作胜败的基础。这些都是属于战争问题上的朴素唯物论的观点。

《孙子》中的朴素唯物论观点还表现在它要求战争的指导者,不可从主观愿望和喜怒感情出发,要在判明彼己双方的情况下,再定下打不打的决心。它说:"主不可以怒而兴师,将不可以愠而致战;合于利而动,不合于利而止。"(九十九)否则就会造成亡国杀身的灾祸。所以它告诫说:"明君慎之,良将警之。"(九十九)主观指导,要从实际情况出发,适应客观情况,这是对战争指导者最起码也是最根本的要求。在这样关键性的问题上,《孙子》作了朴素唯物论的论述。

毛泽东同志指出:"辩证法的宇宙观,不论在中国,在欧洲,在古代就产生了。但是古代的辩证法带着自发的朴素的性质,根据当时的社会历史条件,还不可能有完备的理论,因而不能完全解释宇宙……"⑬《孙子》中表现出来的军事上的辩证法思想正是这样。

《孙子》在论军事中,反映出了丰富的朴素辩证法思想,涉及了军事领域中的许多矛盾范畴。《孙子》所用的范畴,与他同时代诸子各家(孔、墨、老、庄……)所用的范畴各不相同;有些范畴也与同时代西方哲学家们所用的各有差别。如上文所说的"天"和"道"。同时我们可以看到,他所用的范畴多是军事上对立的双方,即我们今天说的相互依存又相互斗争,相互渗透也相互推移(虽然孙子并未这样讲,当时还不可能这样讲)的矛盾范畴。如敌我、众寡、强弱、攻守、进退、胜败等,这些都是战争运动中的基本矛盾,贯穿在《孙子》的许多地方。《孙子》的杰出命题"知彼知己",讲的是"彼"、"己"双方情况,不能只知一方,而不知另一方。在论"军争"时说:"军争为利,军争为危。"(五十)指出"军争"既有"利"的一面,也有"危"的一面。要求将帅考虑问题，"必杂于利害"(六十二)，即是说要兼顾到正反两个方面。在看到利时，要考虑到还有害的一面；在看到害时，要考虑到还有利的一面。所谓"杂于利，而务可信(伸)也；杂于害，而患可解也"(六十二)，告诉人们，在不利的情况下，要看到有利的因素，才不至失去胜利的信心；在有利的情况下，要看到不利的因素，才能防止挫折的危险。这些表现了《孙子》在思想上已初具全面观察问题，避免片面性的认识。

《孙子》看到了军事领域中的许多矛盾，诸如：兵力配备有虚实，军队士气有勇怯，部队状态有劳逸，作战方法有奇正，作战时间有久速，军队管理有治乱，距离有远近，道路有迂直，计谋有得失，处境有安危等等(这已表明一切事物都有正反两方面的思想)，因此，它能够提出许多克敌制胜的重要原则。例如，它在谈到兵力配备的虚实时说："备前则后寡，备后则前寡，备左则右寡，备右则左寡，无所不备，则无所不寡。"(四十)在兵力配备中既有有备的地方，必有相对无备的处所。处处设防，无所不备，就必然处处薄弱，无所不寡。有众必有寡，有实必有虚，总有弱点可找，总有瑕隙可乘(这就含有矛盾绝对性、普遍性的初期萌芽的思想因素)。所以它说："越人之兵虽多，亦奚益于胜败哉？"(四十二)"敌虽众，可使无斗。"(四十三)敢于藐视强敌，乘敌人的瑕隙夺取胜利。同时《孙子》认为自己也会有弱点，所以它又提出要"先为不可胜"(二十一)，不给敌人以可乘之隙。

《孙子》还看到了"治乱"(三十)、"勇怯"(三十)、"强弱"(三十)、"佚劳"(三十四)、"饱饥"(三十四)、"安动"(三十四)等战争中矛盾着的现象不是固定不变的,而是会变化的。它说:"乱生于治,怯生于勇,弱生于强。"(三十)这就是说,乱可以从它的对立面治中产生,怯可以从它的对立面勇中产生,弱可以从它的对立面强中产生。

《孙子》在看到战争中矛盾着的现象会发生变化,又进一步指出某些矛盾是可以人工地促使它转化的。它说:"敌佚能劳之,饱能饥之,安能动之。"(三十四)怎样促使这种变化呢?《孙子》在分析取胜的客观条件时讲到:"不可胜在己,可胜在敌。"(二十一)因为敌人发生不发生过失,事在敌人,因而又说:"胜可知,而不可为。"(二十一)认为胜利是可以预见的,但不能凭主观愿望去取得。它在《虚实篇》中论述了如何决定自己的行动,如何争取主动,避免被动,集中力量,去造成敌人被动和弱点,以战胜敌人之后,又说:"胜可为也。"(四十二)就是说,如果能按照彼己双方情况,正确决定自己行动,那么胜利是"可为"的。《孙子》的辩证法受时代和阶级的限制能达到这样的水平已属难能可贵。《孙子》对"胜可知,而不可为"和"胜可为"的关系,对"可知"到"可为"的发展,尚未能作出辩证统一的阐述,这是不能苛责古人的,然而能提出"胜可知",又提出"胜可为",就含有发挥主观能动作用的朴素辩证法因素。作为例证,它说:"故形人而我无形,则我专而敌分;我专为一,敌分为十,是以十攻其一也,则我众而敌寡;能以众击寡者,则吾之所与战者,约矣。"(三十九)这里说的是,巧妙地运用"形人而我无形"的办法,形成"我专而敌分",我"能以众击寡"的有利态势,这就容易取得胜利了。

《孙子》中辩证法思想的表现,虽然只限于军事领域并且是自发和朴素的,还没有形成完备的理论,但是,在两千多年前,《孙子》就有这样丰富而生动的军事辩证法思想,则是难能可贵的。对于这样一部充满朴素唯物论和辩证法的军事著作,我以为应当在学术界引起更为广泛的重视。

(五)

当我们从《孙子》这部古代著名的兵法中批判地吸收其精华时,必须看到,它产生在新兴地主阶级反对奴隶制的时期,有其进步性;但地主阶级同奴隶主阶级一样是剥削阶级,它从产生之日起就同农奴、农民处于阶级利益的根本对立之中,由于阶级本质的决定,又加上时代的局限性,不可避免地存在着一些糟粕和消极成分。这里只将其中主要的略举如下。例如:它未能区别战争的性质,而且公然主张"掠乡分众,廓地分利"(五十四),"掠于饶野,三军足食"(八十六),这是剥削阶级本性的表现。当时的兼并战争,是诸侯列国争夺土地和霸权的战争。《孙子》之不指明战争性质,客观上正是掩盖这一兼并战争的本质。在作战问题上,书中也有不少消极的因素,例如它虽讲过"趋其所不意,行千里而不劳"(三十五),但又说"卷甲而趋,日夜不处,倍道兼行,百里而争利,则擒三将军"(五十)。其实,如能出敌不意,则倍道兼行,风雨无阻,往往能取得意外胜利。它消极地主张"高陵勿向,背丘勿逆"(五十八),"归师勿遏,围师必阙(一作"遗阙"),穷寇勿迫"(五十八)。实则高陵有时可向(即仰攻),背丘有时可逆(即正面攻击),归师有时可遏,而为了全歼敌人,一般地围师就不能缺,穷寇就必须追。

　　在认识论和方法论方面,《孙子》中含有某些唯心论和形而上学的成分。例如,"不战而屈人之兵"就是对战争问题的唯心论表现。毛泽东同志指出:"战争——从有私有财产和有阶级以来就开始了的、用以解决阶级和阶级、民族和民族、国家和国家、政治集团和政治集团之间在一定发展阶段上的矛盾的一种最高的斗争形式。"⑭又说:"'战争是政治的特殊手段的继续'。政治发展到一定的阶段,再也不能照旧前进,于是爆发了战争,用以扫除政治道路上的障碍。"⑮这就告诉我们,战争不是任何时候都要发生的,而是在敌对势力之间的矛盾发展到一定阶段时才发生,这时战争就成为不可避免的了,因此,在这样的情况下,"不战而屈人之兵"(十四)只是一种不切实际的想法。至于某些局部敌军的投降,从表面上看,似乎是"不战而屈人之兵",但其实也只是战的结果。再《孙子》把自然界的运动,它的发展变化过程看作"终而复始"、"死而复生"(二十七),对军事上的"奇正相生"(二十七)看作"如环之无端"(二十七),把事物螺旋式的发展运动,看成简单的循环,这就带有循环论的色彩。又《孙子》在论及敌对双方军事力量的对比上,比较注意"量"的不同和变化,较少注意"质"的不同和变化。上述这些,都是形而上学的观点的表现。

在历史观方面,《孙子》是倾向唯心论的,它过分夸大将帅的作用,认为"知兵之将,民之司命,国家安危之主也"(十三)。轻视广大兵卒和人民在战争中的作用,提倡愚兵政策。它主张"愚士卒之耳目"(八十八),把兵卒看成羊群,"驱而往,驱而来,莫知所之"(八十八)。这些都是帝王将相创造历史的唯心史观的表现。

《孙子》问世以来,已经历了两千多年。当前情况与《孙子》成书时代已大不相同,我们今天研究现代战争,是为了反对帝国主义、霸权主义,保卫社会主义祖国,维护世界和平。所以应该首先认真学习马列主义、毛泽东思想,特别是学习毛泽东军事思想,用辩证唯物论和历史唯物论为指导,总结我军二十余年革命战争的经验,提高认识,掌握革命战争的基本规律;同时认真观察今天遇到的新情况、新特点,以便从新的实际出发研究新的问题。

第二次世界大战(以下简称"二战")后,以中、远程导弹和各种核弹头为主,更辅以航天技术等被称为核时代的新武器纷纷出现,和"二战"前"轰炸"、"炮击",都以常规火药为主,在武器发展史上是一大转折,并在继续发展中。许多新武器紧密结合新的科学技术的发展,正以物体自由落下的加速度迅猛发展,愈到近几年愈加快其速度。各种新式导弹和不同的小型化分导核弹头、各式新型飞机不断出现。其他常规武器也日新月异地大大改进以至改革。武器技术更新的周期不断缩短。于是人们对未来大战议论纷纭。其中不少危言怪论,想用恐吓、敲诈等手段欺侮无核或少核国家。有人说:"核战争会灭亡人类。"我们历来对核大战是反对的,但我们不相信"核武器会灭亡人类"。全世界人民都在觉醒中,人民迟早会消灭核武器及其他任何杀人武器,直至最后消灭战争,这是历史辩证法发展的必然规律。有的叫嚷现代常规武器的发展,即使不用核武器也能毁灭一片国家。这也不过是吓人的话,任何威力强大的进攻武器,自身都有内在矛盾,自有防御它的武器和方法。马尔维纳斯群岛之战中,所谓"无敌航空母舰"不是被炸起火了吗?黎巴嫩之战中,复合护甲的坦克不也被击穿了吗?这是战争实践的证明。还有人认为新型武器的出现,一切军事原则都不中用了,连"战争是政治的继续"这一名言也过时了。这是在战争问题上的一种唯心论的反动。我们认为无论使用什么武器,都不会也不能改变战争的本质,"战争是政治通过另一种手段(即暴力)的继续"依然是真理。"任何战争都是同产生它的政治制度分不开的。"⑯帝国主义的侵略战争同产生它的帝国主义的政治分不开,这是经过历史无数次检验,证明是正确的科学的真理,无论使用什么新武器都不会改变的。战争有它的客观规律。革命战争有革命战争的特殊规律。战争规律是发展的。无论哪种国家,经济总是社会基础,政治是经济的集中表现,战争是由政治所决定,为政治的继续。政治在战争中并继续着它们之间的关系也是不会改变的。

　　另一方面还有另一个极端,对新出现的事物熟视无睹或认识不清。从有战争以来到大约十八世纪末上了刺刀的步枪代替使用刀矛的白兵战(用刀矛弓箭打仗经历约五千年),开始了新的火器时代,这是第一次转折,火力战到"二战"为止(不到二百年),使用的都是火药。"二战"后各国相继以喷气式飞机代替螺旋桨飞机,到现在不过短短三十八年,以洲际导弹或中程导弹装上多头分导式氢弹头为主的核武器,加上常规武器由制导技术、烈性炸药,各兵种全部机械化、摩托化,与"二战"前比大不相同,成为第二个转折。这是摆在我们面前的现实,它虽不能改变战争的基本规律,却使整个作战方法发生重大的多方面的改变。⑰我们只略举几个简单的主要的例子:(1) 由于侦察器材和技术的发展,改变了整个伪装和隐蔽的概念;(2) 由于进攻使用的新武器的威力,使防御的概念以及布防、构筑工事等具体工作都必须作新的修改;(3) 由于夜视器材的普遍使用,以及无线电侦察,使夜间训练必须有新的措施;(4) 由于步兵摩托化、工兵机械化、摩托化……都能紧随坦克之后实施突破合围,加上战斗直升飞机的大量使用于空运,气垫登陆艇用于登陆,使现在的运动战概念不能不有新的改变,组织战斗、战役也必须有新的考虑;(5) 无线电通讯中破密与反破密的斗争的改变有重大意义;(6) 由于电子技术的发展和在军事上的广泛运用,电子战成了一个新的课题;(7) 由于诸兵种各有各自的装甲单位,民兵的游击活动就要有新的能击破装甲的武器装备和训练才能进行新的人民战争……所有上述这些武器装备的改变势必引起军队编制、后勤、卫生以及训练等的改变,所有这些都要求我们从新的实际出发,研究当前发生的新问题,正确认识和积极改进我们军队的训练和战备工作。这样才能加速我们的国防现代化,才能使我军革命化、正规化、现代化的建设顺利进行。

这本《孙子译注》作品再版,希望能引起更多读者对军事研究的兴趣,关心国防现代化建设。以上对《孙子》的初步介绍,粗浅不当之处,对今天新情况讲得不够、不对之处,欢迎读者批评指正。

这次再版,得到一些同志的帮助,在此深表谢意。

郭化若

一九七七年三月三日改版稿

一九八三年十二月再版稿

【注释】①《孙子》在宋代即列为《武经七书》之首(以下简称《武经》。所谓"七书",有《孙子》、《吴子》、《司马法》、《尉缭子》、《李卫公问对》、《三略》、《六韬》七部古兵书),号称"兵经";约在七世纪,《孙子》就传入日本,十八世纪以后,陆续有了法、英、德、捷、俄等文译本,受到外国军事界的重视。　②　工正:掌管手工业奴隶的官。　③《左传》昭公三年。④《新唐书·宰相世系表》说:陈无宇之子子占,伐莒有功,景公赐姓孙氏,子孙因乱奔吴,孙武为吴将。又宋邓名世《古今姓氏书辨证》说:"齐田完(按田氏原姓陈氏)字敬重,四世孙无宇;二子:常、书,书字子占,齐大夫,伐莒有功,景公赐姓孙氏,食采于乐安;生冯,字起宗,齐卿。冯生武,字长卿,以田鲍四族谋作乱,奔吴,为将军。"　⑤《左传》昭公三十年。⑥　刘向《新序》。　⑦　司马迁《史记·孙子吴起列传》。按:"北威齐晋"当系指公元前四八四年艾陵之战,吴军战败齐军;公元前四八二年黄池会盟,吴国夺取了晋国的霸主地位。　⑧　恩格斯《一八五二年神圣同盟对法战争的可能性与展望》,《马克思恩格斯全集》第七卷,第五六二页。⑨　民弗诡也:十家注本作"而不畏危",今依竹简作"民弗诡也",译作"民不敢违抗",似较切合当时的阶级关系。　⑩《中国革命战争的战略问题》,《毛泽东选集》横排本第一卷,第一六六页。　⑪《中国革命战争的战略问题》,《毛泽东选集》横排本第一卷,第一九三页。　⑫　"十"和"五":这是《孙子》用以形容优势兵力的概说,并不是具体的规定。⑬《矛盾论》,《毛泽东选集》横排本第一卷,第二七八页。　⑭《中国革命战争的战略问题》,《毛泽东选集》横排本第一卷,第一五五页。⑮《论持久战》,《毛泽东选集》横排本第二卷,第四四七页。　⑯《战争与革命》,《列宁选集》第三卷第七一页倒数第一行至第七二页前三行。⑰　恩格斯在写《反杜林论》"暴力论"(写于一八九六年至一八九八年六月)时就指出:火药传入西欧"使整个作战方法发生了变革,这是每个小学生都知道的"(《马恩选集》第三卷第二〇六页)。那讲的是由白兵战转为火药战的第一个转折。将来如果发生战争,交战国势必实行义务兵役制,征集来的新兵是恩格斯所说新的士兵成分,加上新的战斗武器,所以在第二个转折中作战方法必然会"整个改变"。

图书在版编目(CIP)数据

国学经典读本 / 老子等撰. —上海：上海古籍出版社,2010.10(2019.6 重印)
ISBN 978-7-5325-5566-6

Ⅰ. ①国… Ⅱ. ①老… Ⅲ. ①国学—通俗读物 Ⅳ. ①Z126-49

中国版本图书馆 CIP 数据核字(2010)第 083151 号

国学经典读本
（全 11 册）
老子等撰
_____

上海世纪出版股份有限公司
上海 古 籍 出 版 社 出版
（上海瑞金二路 272 号　邮政编码 200020）
(1) 网址：www. guji. com. cn
(2) E-mail：guji1@guji. com. cn
(3) 易文网网址：www. ewen. co

发行经销：上海世纪出版股份有限公司发行中心
印　　刷：常熟市文化印刷有限公司
开　　本：889×1194　1/32
印　　张：78. 375
插　　页：22
字　　数：3,000,000
版　　次：2010 年 10 月第 1 版　2019 年 6 月第 12 次印刷
印　　数：30,301-35,350

ISBN 978-7-5325-5566-6/B·694
定　　价：198. 00 元